아내의 문장성분

한성춘 외

한국스토리문인협회 시 동인
문학공원 동인지 2016년 제14호

아내의 문장성분

한성춘 외

문학공원

(발간사)

기려풍화(綺麗風花)라도 점철성금(點綴成金)해야

김 순 진 (계간 스토리문학 발행인)

문학공원동인지를 출간해 온지 어언 14년이 되었다. 스토리문학보다 2년 먼저 출발해서 한 해 두 번 나온 적도 있었고 『애인』이라는 초대형 작품집을 내느라고 동인지를 내지 않은 때도 있어 결국 시작과 햇수가 맞춰졌다. 아무튼 문학공원 동인은 계간 스토리문학을 출발시킨 원동력이었고, 우리 한국스토리문인협회를 오늘에 있게 한 발판이었다.

스토리문학의 창간이념은 교산 허균의 정(情)의 문학론, 서포 김만중의 자국어(自國語) 문학론, 연암 박지원의 동심문학론을 지표로 삼는다. 기존의 문학이 감상을 우선하는 바, 스토리문학은 소설 및 수필 등 산문은 물론 시, 시조, 동시에서까지 진실, 즉 탄탄한 이야기를 바탕으로 하여 재미있는 삶의 문학, 돈을 주고 구매할 수 있는 문학지를 지향한다. 그리하여 숨은 인재를 발굴하여 등용함으로써 문예지의 르네상스를 실현한다. 기려풍화(綺麗風花)라도 점철성금(點綴成金)해야 한다는 신념, 즉 아무리 좋은 소재, 아무리 좋은 인재라 할지라도 훈련하고 다듬지 않으면 금이 될 수 없다는 신념으로 문학지를 만들고 있다.

초창기부터 문학공원 동인지에 꾸준히 작품을 내온 사람은 그리 많지 않다. 그동안 필자를 비롯해서 권은중 시인과 정소진 시인, 김무늬 시인, 윤창현 시인, 서창연 시인, 김숙경 시인, 김사랑 시인등이 오랫동안 함께 동인지에 참여해왔음은 매우 감사한 일이다.

이번 문학공원 동인지 역시 수많은 작가들이 출품했다. 무려 56명의 시인이 참여했으니 그 인기가 하늘을 찌른다. 이번호에는 특별히 초대시인을 청하지 않고 회원 위주의 작품집으로 발간한다. 그 이유는 동인지가 너무 두꺼워져서 가지고 다니며 읽기가 불편하다는 회원들의 언질을 받아들였기 때문이다. 이에 지성찬 선생님 같은 원로 시인의 작품까지 그냥 접수 순서대로 편집되었음을 밝히며 이해해주시기 바란다.

금년 제5회 스토리문학상 시부문 수상자로 「뉴스 속보」 외 2편을 출품한 김무늬 시인을 선정한다. 최종심에 10명의 작품이 올라왔고 또다시 3명의 작품을 면밀하고도 엄정하게 심사하여 김무늬 시인의 작품을 2016년 제5회 스토리문학상 시부문 수상자로 선정하기로 결정했다. 김무늬 시인은 2003년부터 문학공원 동인으로 활동해왔고, 오랫동안 다울문학에서 활동하면서 그 필력이 탄탄함을 인정받고 있는 시인이다. 이번에 출품한 작품들도 모두가 어디에 내 놓아도 손색이 없으리만큼 좋은 작품들로써 이는 그간 그녀가 얼마나 철저하고 치열하게 작품을 써왔는가를 말해준다. 어려운 과정 속에서도 시를 놓지 않고 마침내 일가를 이룬 김무늬 시인에게 박수를 보내는 바이다.

스토리문학의 창간이념답게 탄탄한 이야기를 바탕으로 한 재미있는 삶의 문학을 지향해온 김무늬 수상자를 비롯하여 그간의 동인지 참여 작가들에게 진심으로 감사의 인사를 드린다.

2017년 1월 21일

CONTENTS

2부 낮달이 된 여인

3부 들꽃은 바람이 차지하고

4부 그리하여 초록

1부

비대칭의 계절

Profile

윤 정

1972년 경북 경산 출생
계간 <정형시학> 시조 부문 등단 · 계간 <스토리문학> 시 부문 등단
한국스토리문인협회 · 대전시조시인협회 · 열린시조학회 회원
문학공원 시동인
제30회 전국한밭시조백일장 대상
동인지 『새는 날고 꽃은 피어』 외 다수

새는 날고 꽃은 피어 · 2 외 2편

윤 정

산마루 저 편에서 새 한 마리 날아오네

벚꽃 따라 피던 시절, 그대 생각하다가

어느 새[鳥] 붉어진 가슴 풍경소리 들으며

가만히 창을 열어 꽃노래 불러보네

구름 머문 저 산 너머 그대 잠든 그 겨울,

불시화(不時花) 피는 계절은 새도록 봄날이길

세 번째 사랑

우리의 익어가는 페이지를
서로 기억하지 못합니다

거리에 홀로 서 있는 나무와
멀리 고향을 두고 우는 어미새

두 볼을 감싸는 손끝의 온기,
더 깊숙한 곳의 주머니로 닿아

나무도 사람도 함께 익어가며
그 향기를 기억하려 애씁니다

우리가 잠시 멈춘 페이지마다
서로 알아차리지 못한 순간에도

비 개인 숲 속의 한 줄기 빛처럼
아기새는 나뭇가지로 스며듭니다

내일 뉴스

— 2026. 7. 30. 목요일

걷다가 헤매다가 책갈피 고정한다
연못가 배롱나무, 희롱 참고 더 붉었다
푸른 날 뜨거운 활자 나이테로 새긴다
연잎밥 찌는 내음 소란스런 푸성귀들
봄을 가둔 매실차 계절도 멈칫한다
탁자의 나뭇결 따라서 e-book이 찌륵댄다

차 한 입
바람 한 점
오후 네 시
초록 향기

맨발로 황토 품어 살진 영육 비운다

행, 불행
아름다운 우울
돌림노래 부른다

박 미 향

아호는 순수, 계간 <대한문학세계> 시 부문 등단
고려대학교 평생교육원 시창작과정 수료
대한문인협회 회원, 주)창작예술인협의회 회원
수원문인협회 회원, 한국스토리문인협회 회원
문학공원 시동인, 시가흐르는서울 회원
시집 『산그림자』, 동인지 『달리는 미술관』 외 다수

부뚜막 인생 외 2편

박 미 향

온종일 조그만 사각 틀 속에서 씨름을 한다
파 마늘 당근에 아름다운 미각을 내려
기름에 튀기고 프라이팬에 볶아대며
맛깔스러운 음식에 혼을 붓는다
구슬 같은 땀방울에 세월 흐름도 잊은 채

하루하루 같은 일상에 지치지도 않는구나
용광로 같은 불덩이 끌어안고
사랑스러운 가족을 위해
귀하신 손님을 위해
허물어지는 황혼 길에 붉은 노을 적시며

오늘도 부뚜막에서 아침을 연다

낚시

미끼를 끼워 물속에 사뿐히 내려놓으면
물그림자 그리듯 사정놀이에
붕어들의 전쟁이 시작된다
먹어 말어

맛나는 먹거리에 눈이 멀어 간 붕어
덜썩 입에 넣는 순간
휘리릭 낚아채는 태공의 날렵한 날치기
어디서 그런 매혹을 맛아볼까
묵직한 손맛의 경지를 붕어는 알까

죽을 줄 모르고 발버둥치면
몸만 상하는 법칙을 붕어는 모르리라
밤비가 부슬부슬 내리는 저수지 야경은
태공들의 야심만 부축인다

월척의 커다란 희망을 안고
열심히 당기는 태공들의 비애
오늘도 내일도 또 기다려본다

지치[紫草]

그녀는 빨간 장미처럼 아름답다
아름답기를 비교하는 것은 아니지만
미끈한 자태를 따를 수가 없다
사는 곳은 다르지만
장미보다 더 좋아한다
그녀의 집은 깊은 골짜기를 따라 올라가야 한다
봄부터 여름까지는 파란 숲을 이루고 살다
가을이 되면 가지마다 하얀 꽃 방울로 장식한다

만질 수도 없을 만큼 보드라운 솜털이 유혹해도
그녀는 쉽게 시간을 내주지 않는다
장미의 향기는 야성을 가진 꽃이라면
그녀의 향기는 감성을 가진 꽃이라 하고 싶다
장미는 쉽게 만날 수 있지만
그녀는 어둡고 깊은 수렁을 지나 컴컴한 흙 속에서 만나야 한다

보름달 같은 장미의 화사함과는 달리
그녀가 매끈하게 뻗어 내려간 붉은 나체를 보면
누구라도 그 유혹을 뿌리치지 못할 것이다
추운 겨울이면 그녀를 찾아 산속을 누비며
그녀와 밀고 당기며 숨바꼭질한다

Profile

한 상 현

계간 <스토리문학> 시 부문 등단
고려대학교 평생교육원 시창작과정 수료
한국스토리문인협회 자문위원
문학공원 시동인
동인지 『달리는 미술관』, 『가슴에 이는 파도』 외 다수

비대칭의 계절 외 2편

한 상 현

세종대왕이 까맣다
수면부족으로 다크서클 짙다
왕정시대로의 회귀
감기 걸린 바람이 광화문에 앉아있다

배반의 박주가리 홀씨 그네를 타고
한 방울의 파문은 마침내 쓰나미가 되었다
비상구 끝에는 블랙홀이 아가리 벌리고
부서진 나침판 보며 참새들이 말을 타고 있다

가난한 미소가
정답 없는 회오리를 사유하고 있다
물음표와 마침표가 빚어낸 안개의 무두질
오후의 침묵을 널브러지게 한다

오염된 셔츠들이 날갯짓하는 옥상
백만 개의 햇살이 정화시키고 있다
대지를 식혀주고 얼음 꽃 피울 수 있게
함박눈이라도 퍼부었으면

화살나무엔 화살이 있었다
- 너에게 가려고

너에게 가려고
시계의 시침과 초침을 떼어버렸다
너에게 가려고
기억을 묶고 가을도 묶었지만 내겐 겨울이였다
너에게 쓰다 만 미완성의 시 한 편이
단두대의 낙인처럼 매달려 있다

큐피트는 사랑의 화살을 쏘았고
후예는 두 개의 태양 중
하나를 쏘아 떨어뜨렸다지만
너의 차가운 침묵은 하나뿐인 내 심장을
매일 쏘고 또 쏘고 있다

어둠의 문을 열고 시간을 조준하고 있다
움츠렸던 마음의 몰락이 아니라
거짓과 기만이 몰락했던 것이다
너에게 짜릿한 해답이 될 수 있기를
세월가도 잊혀지지 않는 가슴이 새기고 있다

덜컹덜컹 분침이
네 모 바퀴 자전거를 타고 있다
끝내 한 마디 말도 못하고
쏟아지는 눈송이를 하나 둘 세고 있다
팽팽히 당겨진 시위에 마음을 담고 있다

너에게 가려고

천행

– 용문사 은행나무

봉인된 문은 열지 않았다
무서리에 씻긴 가을 높은 곳에서
태양은 걸어 갈 때마다
천년의 껍데기를 하나씩 벗기고 있었다
전생과 현생을 부채질하는 윤회
관음의 계단을 다 오르면 거기에 부처님 계실까
피안의 본질은 죽지 않고 살아있었다

안개만큼 헐렁한 꿈들은
희망을 노래하고 싶었는지도 모르겠다
비밀번호를 해제하고 봉인된 문을 열어보았다
그곳에는 아픈 존재의 박제된 시선들이
내 뼈에 붙은 살점들을 발라내고 있었다

텃새는 한 발 비켜선 영토에
빠른 구름과 빠른 폭풍우에게 집을 내주었다
나는 햇빛을 걸어 잠갔다
다만 어둠을 헤매는 애벌레들에게
노란 관등 수만 개를 걸어놓았다

권 은 중

<시문학> 우수작품상 수상, 한국시문학문인회 회원
한국시문학아카데미 회원, 한국문인협회 회원
한국현대시인협회 회원, 한국스토리문인협회 이사
문학공원 동인, 제2회 스토리문학상 시부문우수상 수상
동인지 『기억은 소금 없이도 간간하다』 외 다수

대밭에서 외 2편

어린 죽순의 껍질을 까보았다
밑동은 이미 다 자란 대나무 크기
굵은 기둥을 올리기 위해
미리 허공의 높이를 가늠하고
땅 속에서 둥근 마디마디를 압축해놓았다
큰 키로 중심을 잡을 수 있는 것은
오랜 시간 갈고 닦은 뿌리의 깊이
바람에도 쉽게 쓰러지지 않는 대나무들
곁과 곁을 부딪치지 않으려고
팽팽하게 힘주는 소리 들린다
같은 방향으로 바람의 리듬을 맞추며
하나가 되어 움직인다
이파리는 태양을 골고루 나누고
칸칸의 집을 올린다
저 보이지 않는 땅속에 지은 집은
보이는 높이만큼 깊을 것이다

오리털 파카

저 숨은 오리들의 발걸음
한겨울 빨간 발바닥을 보이지 않게
뒤뚱거리지도 않고 가슴을 펴고 길을 걷는다
겨울이면 온 거리를 깃털이 장악한다

시내 사거리 횡단보도에 모인 오리들
겨울에는 힘을 합친 오리만큼 힘 센 것은 없다
두툼한 방어막
그들은 상표를 앞세우고 추위와 싸우며
비집고 나올 틈을 노리고 있다
시간이 지나 가끔 틈을 보일 때
재빠르게 깃털 하나 내밀어보지만 벗어날 수는 없다
울음소리조차 빠져나가지 못하는 바느질
꼬깃꼬깃 접었다 펴도 원상 복귀가 가능하고
물에 빠뜨려도 근본은 살아있다
보이지 않게 몸을 숨기고 걸어 다니는 저 오리들
날씨가 따뜻해지면 어디론가 사라진다
모두 옷걸이 하나 붙잡고 장롱 안에서 언 발을 녹이며
수은주가 내려가는 제철을 기다릴 것이다

어머니의 손

언제 낀 약속의 반지인가
닳고 닳아 무늬가 지워져 몸이 되었다
반지를 끼고 있는 손가락마디는 비틀리고 부풀어 올랐다
풀을 뜯고 밭 매느라 돌 틈에 끼어 깨지고 빠진 손톱

오랜만에 온 휴식
꽃무늬 몸빼바지 위에서 쉬고 있는 손
호미를 그러쥔 모양으로 굳어있다
얼마나 많은 시간들이 이 몸을 거쳐 갔을까
미처 빠져나가지 못한 시간들
그 여리고 희던 손
노동에 지친 고단함이 옹이처럼 굳어
나무뿌리처럼 질겨졌다
몸의 시간들은 밭고랑으로 흘러들고 그을린 가죽만 남았다
몸속에 잠복한 시간이 뼈를 녹슬게 하고
구멍을 내며 함께 살고 있다
얼크러진 손 아무리 모아 담으려 해도
되돌릴 수 없는 많은 시간들이 기록되어있다
손에 든 가시는 몸으로 파고들며
움직일 때마다 빠지지 않는 무늬로 굳어가고 있다

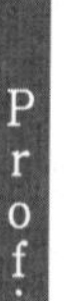

박 성 환

경기도 포천 출생, 시사만화가,
한국스토리문인협회 회원, 문학공원 동인
지하철스크린도어 시 게재
동인지 『꿈꾸는 도요』, 『새들의 밥상』 외 다수

키질 외 2편

운 좋은 꽃등에가 벌침을 꽂고
벌의 흉내를 내는구나
힘없는 꽃들에 갑질하며 침 쏘지 마라

눈곱 달린 채 나를 쓰고
죗값 치르던 지린내 까부를까
광 모서리에 머리채를 매달아놓고
빗장으로 가두는 캄캄한 고문도 소용없다

내 입에 재갈이 되는 건
까맣게 그을린 부지깽이와
옆집 할머니 손에 쥔 한 줌 소금뿐

내가 까부르기 전에 까불지 마라
영감님 손톱 밑으로 숨는 좁쌀도
순이 얼굴에 죽은 채 위장한 들깨도
까부르면 다 찾아진단다

사랑이란 게

셈대에 올려놓고 당기고 늘여보고
오늘은 져줄 테니 내일은 네가 져라
만나면 밑간을 보는 힘겨루기 초반전

콩깍지 씌인 눈은 혀끝도 마비시켜
아무리 간을 봐도 모든 게 달콤하지
풋내음 겉절이 사랑, 무지개만 뜬다네

소금에 절여지고 설탕에 버무려도
익기 전 김치 맛은 누구도 모른다네
애타게 서둘지 말고 마음 편히 사귀게

그네

높이, 더 높이
유년의 꿈 올려주던
폐교 운동장 늙은 그네가
그네들은 지금
높은 곳에서 행복하게
잘 살고들 있느냐고
끼익끼익 묻고 있는데

삼팔광땡 한탕 꿈 쥐려다
파란 소주병 손에 쥐고
늙은 그네에 걸터앉아
낮은 울음 게우는 내가
젊은 그네가 하늘까지 올려주던
그 그네들 중 하나라고
차마 입을 열지 못하고…

곽 구 비

전남 영암 출생, 계간 <스토리문학> 등단
고려대학교 평생교육원 시창작과정 수료
한국스토리문인협회 이사
시집 『푸른 들판은 아버지다』
동인지 『별 세다 잠든 아이』, 『새소리 밥상』 외 다수

중년 외 2편

곽 구 비

낯선 춘천에서
사라지던 낭만도 새로 길어 올렸고
좋은 사람들도 가슴에 몇 명 더 심었다

단풍나무 주변 관광지는 내 사진의
배경으로 나를 위해 존재했다
다양한 무늬를 여러 장 겹쳐 그리며
행복하단 얘기를 자주한다

떠도는 언어를 잡아다 흐름 사이로
엮고 엮어서 시를 수 놓았다
무심한 시간을 보내는 날도 있었지만
이제 대체로 밝은 시간이 햇살 너머로 보인다

너무 채워진 지구

한 가지 더 보탤 일 생기라고 내가 이곳에 내려진 것일까
내 몸을 잉태하신 엄마가 퍽 흡족한 얼굴이 아닌 걸 눈치챘었네
지구나 걱정할 걸 그때부터 엄마 눈치부터 볼 건 아니었어

아무도 모르게 사랑을 시작한 이들이 지구를 들썩거리게 할 동안 나는 몰랐던 일들이 있었어

한쪽으로 기울어진 빌딩 바닷물이 범람하여 벌어진 사태들도 나는 고작 커피물이 넘치는 사소한 일들만 발을 동동 굴렀나봐

교회 절 성당 그리고가 우뚝 우뚝 솟아나면서 모두를 구제하려 안간힘을 쓰는 사이에도 나는 몇 줄 글 토막을 쓰느라 정작 몰랐었나봐

그랬더니 지구가 온통 끓어 넘치고 있었어

비무장지대

사계절의 나목들은 서글픈 얼굴을 하네
산천엔 장송곡이 울려 퍼지는 듯 삼엄하네
철조망으로 흩어진 절망을
용케 통과한 햇살은 늘 빛이 어둡네
터전을 이룩한 낳은 삶 위로 오래된
설움은 덤덤해졌나
그래도 계절이 자리 이동할 때마다
저 건너 혈육은 여태 살아있을까
애처로운 마음이네
차가운 돌 틈 사이로 빠져나오는
노루귀는 오늘도 저 혼자 피고지네

Profile

김 숙 경

아호는 예은, 캐나다 명 Stella
경희대 졸업. 서울 공립고교 교감 명퇴
국제PEN클럽 한국본부 회원, 한국문인협회 회원
한국현대시인협회 회원, 캐나다 한인문인협회 회원
에드먼튼 얼음꽃문학회 5대 회장 역임, 제17회 영랑문학상 본상 수상
시집 『시월애(詩月愛)』, 『백지도둑』 출간

달맞이꽃 외 2편

김 숙 경(Stella)

어둠이 깔린 강둑
노랗게 켜 놓은 호롱불 밑에서 편지를 썼지
입술 오므렸다 폈다 하느라
달 뜨는 시간이면 속내 활짝 드러내야만 했지

밤이슬이 쏟아 놓은 그 흥건한 말까지
올올이 문장으로 쓰다 보면
그리운 얼굴 닮은 저 달이
글의 배경에 총총 은하수를 깔아주기도 했지

그대 등 뒤에 숨으며 내게 다가올 때
머나먼 길 그 사유(思惟)의 강둑에서
이별을 삭이느라 끙끙거렸지

강촌 간이역 단상

역 광장 바닥에 흘러내리던 가등(街燈) 불빛이
어깨 늘어진 사내 등에 묻혀 대합실에 들어선다
조개탄 난로 옆 나무의자에서 조는 할머니
보따리 문양 나비가 삐뚤어진 안경 속으로
들여다본 꿈속, 쫓기듯 달려온 한 여인이
느리게 가는 레일의 생을 밀고 있다

열차가 기우뚱거릴 적마다 비틀거리며
살아온 젊었을 적 꿈도 흔들린다
선반 위 다라에 담긴 푸성귀는
바닥에 풋내 흘리며 간이역에 내려
누군가의 저녁상에 찾아든다

늦은 한여름 별들이 낮게 내려와 들려주는 노래 한 소절,
강 너머 숲속 어린 새들은 완행의 속도에 몸을 낮추고
소망을 나른다
역에 멈춰서 부은 발 레일 위에 얹고
달려온 길 되돌아본다

삶의 근심거리 하나씩 흘리며
91년 어느 여름날 경춘선 강촌역
내 청춘이 꽂혀있는 사진첩에서

물처럼

비탈길에 웅크린 풀꽃 그늘에도
수액 젖을 빨며 제 가슴을 찢고 나온 새순에도
물은 드러내지 않고 흐른다

숲의 정기로 흐르는 생명수
북어처럼 말라가던 가슴에
뜨거운 열망을 솟게 하려나
샘물은 바위의 상처 감싼 눈물
심신을 강물에 흥건히 적신 수초는
은결에 제 몸 맡기고
스스로 정화하여 지혜를 익힌다

작고 가녀린 풀잎 사이로
바람이 허공을 가르면
파르르 전율하는 생명이
부딪히고 골이 파이고
절벽에 깨져도 흔들림 없이
높은 곳을 쳐다보지 않고
묵묵히 올곧게 아래로 겸손의 길 간다

부정이 긍정으로 절망이 희망으로
질시가 포용으로 세상을 변화하는
인내의 물길은 사랑이어라

쟁반 같은 달 심장에 물이 흘러
詩꽃 만다라[1])를 피워낸다

---

1) 만다라 : 불법(佛法)의 모든 덕을 두루 갖춘 경지를 이르는 말.

이 서 영

한국스토리문인협회 회원
문학공원 동인
동인지 『꿈을 낭송하다』
『꿈꾸는 도요』
『새들의 밥상』 외 다수

방울달린 아기양말 외 2편

이 서 영

우리 어머니는 손뜨개를 잘 했어요
어릴 적부터 배워서 나도 조금은 뜹니다
우리 첫아기가 막 걷기 시작했는데 신길 양말이 없었네요
할 수 없이 내 양말을 풀어 이 세상에 하나밖에 없는
방울 달린 양말을 떠서 신겼네요
보는 사람마다 앙증맞다고 탐냈지요
좀 부끄러운 이야긴데 고백할게요
"그 양말은 아기 아빠와 첫 데이트할 때 내 손으로 떠 신은 하얀 양말이었어요"
아기 아빠는 아직 그 사실을 모르네요
입 다물고 있었거든요
아기는 신발을 신기 전에 양말 바람으로
흙 봉당도 밟고 맨 땅을 마구 내달려 내 세상인 듯 뛰어 놀았지요
단벌 흙투성이 양말은 아기가 잠잘 때 손빨래 하여
대문 없는 줄에 널었지요
다음날 아침 빨래 줄엔 참새만 걸터앉고 양말은 보이지 않네요

누가 걷어 갔나봐요
아기는 양말 신기라고 조막만한 발을 내밀고 떼쓰네요
섭섭하고 속상했네요
벗겨간 사람도 우리 아기또래가 있나봐요
누군가 밉지만 그 아기 발도 우리아기만큼 예쁠 거예요

다이어트 한 털실

작년에 털실로 스웨터를 짜다가
한 구석에 밀어두었다
올해 마지막 한 달을 남기고
매듭지으려는데 실이 모자란다
청계천에서 실타래 한 뭉치를 사왔다

다이어트 한 실타래를 투정하다가
만원어치 사온 실을 감다가
실 값이 실없이 올랐다는 생각을 한다

실이 모자라 한쪽 팔을 내년에나
다시 붙여야할 것 같다
지나가던 사람이
"사 입는 것이 훨씬 싸요"하던 말이
실타래에서 재생되어 감긴다

단풍잎 연서

나는 산길을 좋아합니다
산길을 걷다 보면
누가 썼는지 산기슭 버스정거장에
연서 같은 시가 한 편씩 보입니다
읽어보고 날마다 또 읽고
가을까지 읽다보면
어렴풋이 안개가 걷히는 듯합니다
그런데 감춰진 속내는 모릅니다
시인이 속셈은 꼭꼭 숨겨 놓았나 봅니다
그렇지만 그 마음이
단풍잎 물들 때 조금씩 배어나네요
산을 사랑하는 그는 나보다
붉게 타는 단풍을 더 사랑하나봅니다

Profile

조 은 숙

고려대학교 평생교육원 시창작과정 수료
한국스토리문인협회 회원
문학공원 동인
동인지 『달리는 미술관』, 『가슴에 이는 파도』
『새소리 밥상』 외 다수

형광등 사랑 외 2편

조 은 숙

신혼집이 깜빡깜빡 하던 날,
그는 집 앞 이마 넓은 전파사 어르신을 모셔오게 했다
유난히 천장이 높아 뜨거운 그를 두려워할 때
커피와 과일에 수고비까지 드리며 그를 어루만져 주었다
그 전파사 어르신은 우리 집에 놀러오던 여동생을 눈여겨보시다가
그 인연으로 이웃집 아주머니께 중매를 서게 하였다
그렇게 해서 보석 같은 공무원 막내아들을
내 여동생에게 소개해 결혼을 하게 되었다
성북구에서 가장 착한 며느리를 얻었다고 칭찬하실 때마다
내 어깨는 올곧은 그의 모습처럼 쭉쭉 펴졌다

요즘도 사돈이 된 전파사를 지나며
엘이디로 한층 더 세련된 그를 만난다
그는 밤을 밝게 하며 사랑도 밝게 하는
진정한 사랑꾼이다

권력자

내 앞에선 4B 연필은 꼼짝을 못했다
사선이든 직선이든 원형이든
슥슥 4B가 지날 때마다
그늘을 만들고 그림자를 만들고
빛을 만들고 그럴 때마다
내 몸은 한 바퀴 굴러 명암을 만들어주었다

처음 화실에 온 소녀는 나를 잘 만지지 못하고 배시시 떨었다
오랜 기간 숙련된 수험생은 나를 척척 잘
요리했다

내가 앞구르기를 얼마나 하느냐에 따라
데생은 아그립파가 되고 줄리앙이 되고
아리아스[2]가 되었다

나는 지우개
미대 입시생을 지배하는 최고 권력자였다

---

2) 아그립파, 줄리앙, 아리아스: 미대입시 석고상의 이름

첫눈 오는 날

첫눈 오는 날 김밥 집에 들어갔다
첫눈 오는 날 만나자던 인간들이 하나도 연락이 없네
안동역에나 가야 하나
분식집 아주머니가 김밥을 말다가
창밖에 흩어지는 첫눈을 보며 투덜거린다
다 그렇게 사는 거지 뭐
첫사랑이 왔다가도 놀라서 도망가겠다
내가 왜요, 하고 물었더니
할머니가 다 되어 김밥이나 팔고 있으니 말이야
그래도 연세가 있으신 데도 낭만이 있어요
내가 그 낭만 먹고 지금껏 살아온 거야

중학교 때 여름이면 늘 봉숭아물을 들였다
손톱물이 첫눈 올 때까지 가면 첫사랑이 이뤄진다 해서
긴 손톱을 깎지 않고 기르곤 했다
김밥을 기다리는 중년 남자의 전화기에서
호텔 캘리포니아 노래가 흘러나온다
여긴 김밥집 주인도, 손님도 낭만이 있는
사람들만 오는 듯하다
첫눈은 여중생 사춘기 소녀와

육십 넘은 김밥아주머니도 설레게 한다
창밖의 강아지 한 마리 치뛰고 내리뛰고 야단법석이다
첫눈은 하룻강아지도 설렌다

Profile

한 성 춘

경북 경주 출생, 계간 <스토리문학> 등단
성균관대학교 경영학과졸업, 한국방통대 경영대학원 경영학석사
고려대학교 평생교육원 및 한국문인협회 평생교육원 시창작과 수료
한국스토리문인협회 이사, 문학공원 동인
외환은행 대구경북본부장, 외환에프앤아이 감사 역임
동인지 『달리는 미술관』, 『가슴에 이는 파도』 외 다수
이메일: schan22@naver.com

아내의 문장성분 외 2편

한 성 춘

내 청혼을 도도하게 퇴짜 놓았던 아내는 감탄사
한 떨기 백합처럼 핀 결혼식장에서는 형용사였고
봄과 같이 살포시 다가 왔을 때는 부사였다
결국 그녀는 내 갈비뼈에서 파생된 파생어였다

싼 셋집을 찾아 구석구석 뒤지고
손때 묻은 세간 꾸려 이사 다닌 아내는 접속사였으며
가족들의 옷은 백화점에서 사고
당신 옷은 늘 남대문시장에서 샀던 아내는 접미사였다
가족들에게는 항상 따뜻한 밥을 차리고
늘 식은 밥을 먹던 아내는 보조어간이었다

내가 숨소리만 한번 크게 내쉬어도
휘어진 등 더 휘어진 아내는 보어였으며
희망이 없는 싸움에 약 한 첩 쓰기에도 주저했던
아내는 관계대명사였다

평생 큰 소리 한번 치지 못하고
소리 내어 울지도 못한 아내는 소리 없는 명사였으며
평생 누구엄마로 불린 인칭대명사였다

아, 그리운 나의 추상명사여
이제야 깨닫노니 당신은 나의 대명사입니다

을지로2가 올빼미

흐르는 게 물 뿐이랴
업무보다 마감시간이 더 빠르게 흘렀다
열두 달 계속되는 올빼미 생활이다
거래회사의 신용과 수익을 팔고 산다
취소불능 수입신용장도 개설하고
양도성 예금증서도 발행하고
신용카드 가입신청서도 단말기에 투입한다
각종 신용이 벗겨지고 분해되어 이리저리 굴러다닌다
참, A사의 연체이자도 오늘 갚는다고 했는데…

방문섭외에 내 구두는 위태롭게 출렁거렸고
텔레마케팅 음성데이터는 하늘에서 저 홀로 메아리쳤다
감정이 겨우 빠져나간 노동은 밤길 따라 허우적거린다
새벽쯤에 노동은 가는 길을 멈춘다
볼펜과 단말기 자판기에 맡긴 나의 생애 중 하루가 일시 정지된다

금융서비스산업의 글로벌화란 미명 아래
왕인 고객의 수익 극대화란 미명 아래
왕의 먹거리에 탐닉하는 공룡의 생존본능은 계속 된다
금융 산업노동자는 노동과 감정이 어우러져 한 판 굿을 벌이는

올빼미가 된다
성미 급한 형광등 조명도 급하다

설만들 심야가 이대로 천년만년 계속될라구

고층 아파트 옆 굴다리 시장

굴다리 시장은
굴다리 안에 없다
시장과 시장을 연결하는 낡은 굴다리
시장과 시장을 넘나든다

오늘도 하루 종일 쪼그리고 앉았던 할머니
희망이 상하지 않게
팔다 남은 열무
모퉁이에 가지런히 놓아둔다
시든 열무처럼
속이 시든다

구름사이 쪽빛 달빛이
열무를 비춘다
바람도 몸을 낮춘다

일 끝낸 막노동꾼
굽은 어깨들과 주막으로 향한다
희미한 등불 아래 매운 소리 튄다

어둠이 가게들의 경계를 지워갈 때
고층아파트 밝은 불빛
견고한 성벽을 지킨다

Profile

정 소 진

2002년 <한맥문학> 등단
한국스토리문인협회 이사
문학공원 동인
시집 『달관한 시지프스』 외 동인지 다수

원점 · 2 외 2편

정 소 진

고뇌가 컸던 만큼 돌아가는 길이 컴컴하긴 하겠다
돌려세우는 발길에 돌덩이 몇 매달리겠지만
침착하게, 정신을 차리고
천천히 걸음을 옮기는 것이 좋겠다
머물렀던 그 자리, 마치 가시로 만든 의자 같았지

한때 내 생애 선물이라 기뻐했던 그 모든 것
익숙하지 않았지만 끌렸던 그 일들
달콤한 위선이란 걸 왜 몰랐을까!
이성理性이 결박당해 판단력을 잃은 내가
흔들린 세월이 준 가식의 선물은 버리자

내가 받을 선물이 아니었음을 늦게라도 깨달았으니
미련은 눈곱만큼도 두지 말아야 한다
내용도 굳이 들추지 말고
양이나 질에 대한 것도 따질 일이 아니다

오류의 흔적을 깡그리 지우는 일이야말로
먼지 같은 자존심 그나마 지켜주는 것임을

나무가 바람에게

나는 늘 작게 서있었어요
누구에게 선뜻 다가서지도 못했고
쉽게 말을 걸지도 못했지요
외로워도 그저 혼자 울기만 했고요
모든 것이 내게 주어진 운명이려니
참아야 하는 것이 내 몫이라 생각했죠

당신이 내게 먼저 손을 내밀었지요
처음엔 바람인 줄도 몰랐어요
포근했거든요 참으로 따스했어요
우리 인연 영원하자며 내 머리를 쓸어줄 때
눈물 나게 고맙고 좋았어요

아니었나 봐요
작게 서 있는 내가 만만했던 거네요
그냥 재미 삼아 날 흔들어본 건가 봐요
외로움이 하도 깊어 나도 몰래 넘어갔던 거고요
슬프네요 어리석은 내가 밉네요

더 이상 작은 내가 보이지 않는 거죠
대놓고 다른 나무들만 쓰다듬네요
잠시나마 날 흔들었던 거 후회라도 하는 건가요
내 시선을 피하기만 하는 당신
바람이었네요, 그냥 한 번 흔들어본 건데
쉽게 흔들리니 맥이 빠진 거죠
난 실없는 바람임을 전혀 깨닫지 못했어요

어리석은 나무와 가벼운 바람의 교감
이제 그만두자고 당신은 말하고 싶은 거죠
아니 은근슬쩍 끝내자는 심산인 거죠
그냥 흔들어봤듯이 그냥 빠지겠다는 당신의 속셈
그대로 다 보이는 걸요, 아프네요
쉽게, 우습게 보인 내가 잘못이죠
바람은 미련도 없이 다른 나무를 흔들 텐데
나만 대책 없이 고민에 빠진 건가요
나는 참 못나고 연약한 나무
더한 외로움에 빠져 더 작게 서있네요

여자의 일생

'에게! 기집애'였다가
'씰데없는 가시나'였다가

겨우 딸이었다가
마누라였다가
며느리였다가
'어디 감히 여자'였다가
'뭣도 모르는 엄마'였다가

늙으면서야 누군가의 의지도 되는 모양인데
이도 잠시겠지
늙었는데 병까지 얻는다면
죽음의 길이 동경의 길 아닐지

휘유…

Profile

신 명 수

서울 출생, (주)엔터원 대표 이사
고려대 평생교육원 시창작과정 수료
한국스토리문인협회 이사, 문학공원 동인
동인지 『달리는 미술관』,
『가슴에 이는 파도』 외 다수

갑을방정식 외 2편

신 명 수

계약이행보증금은 갑이 을에게 하사하는 낙인 값이다
지체상환금은 을이 다니는 길목에 갑이 쳐놓은 올무다
결제기간은 갑이 정한 불문율이다
비투비(B2B)어음은 갑의 똘마니 고리대금업자간의 이면합의다
할인이자는 나라님이 정한 허수아비 이율보다 예리하고 냉정하다
갑이 작명한 가납 · 수탁 · 선납은 봉이 김선달의 대동강보다 넓고 깊다
갑은 을의 변수를 꿰뚫고 있고
을은 갑의 변화무쌍한 상수를 알지 못한다
방정식이 성립되기 위한 전제조건의 난해함을 을은 도무지 이해할 길이 없다
물질적인 소통의 무대에서 활약하던 장돌뱅이
비즈니스 거간꾼의 지독한 입 냄새에 질식하고
셈하는 방법을 망각한 채 노숙자로 전락한지 오래다
오랜만의 갑의 주문서에 희망을 매달고 달리는 을의 스마트폰
쏜살같이 날아오는 갑의 씩씩한 전령사의 외침
"갑이 을에게 9만9천원 만기 180일 전자어음을 발행하였습니다"

부끄러움

나는 에덴동산에서 사과와 함께 태어났습니다

나는 욕망의 숲에서 자라 순수의 꽃으로 피어나는 동화의 주인공입니다

나의 유전자는 본래 사랑이었으나 다양한 변이가 이루어진 천의 얼굴입니다

나는 두근두근 거리며 다가오지만 착함의 전조증상이기도 합니다

나의 양면성으로 많은 이들이 혼동의 바다로 흘러갑니다

나를 가까이함은 좋으나 지나치면 오해의 씨앗이 되기도 합니다

나는 그런 면에서 설친인 '수줍음'이 제일 부럽습니다

나와 같은 존재의 대상이 되지 않기 위해 사람들은 모순이라는 나무를 가슴에 심습니다

나는 무의식의 내면에 차오르는 원죄의 수증기를 내뿜는 깊은 심연에 사는 고래입니다

나는 사랑에서 시작되었고 미움은 나를 등진지 오래되었습니다

나는 가슴을 가리는 사람보다 눈을 가리는 사람을 좋아합니다

나를 잊고 사는 이들이 많아진다는 서글픈 이야기가 들려옵니다

나를 시샘하는 어둠 저편에서 뻔뻔한 자들이 뿜어내는 눈초리는 정말 무섭습니다

나의 출현과 함께 깨달음은 결실은 맺고 인간성 상실은 나의 소멸과 함께 시작됩니다

나는 믿습니다, 나의 존재는 곧 모두의 희망이라는 것을

뺑과 꽝의 말로

누구도 그들을 비난하지 않았다
가진 것이 많지만 무소유를 주장하던 꽝씨가 묘향산의 한 절에 입적하였다
우왕좌왕하던 뺑씨는 더 이상 까치와 까마귀의 대변인이 될 수 없음에
스스로 목숨을 끊었다는 소문이 개성 바닥에 자자했다
누구도 그들을 존경하지 않았다
차고 넘치는 무지와 오민으로 무장한 꽝씨
객기 앞에 때 늦은 무념무상을 설파하던 뺑씨
둘은 승적을 포기하고 북한산의 외딴 주점에서 동가숙서가식 하고 있다는 소문이
서울 장안에 파다하다
꽝씨의 허풍과 뺑씨의 질투가 어울려 혼돈과 무질서의 검은 비가 내렸다
미시적 불평과 거시적 분노가 어색한 동거를 시작했다
그 때쯤 세기말적인 전쟁을 암시하는 듯한 유치한 은하호가
치졸한 싸드(THADD)에게 추파를 던진다
천국에 이를 것 같던 무수한 희망이 태어나자마자 절망의 사생아로 전락했다

모두를 배부르게 했지만 쉽게 꺼지는 포만감으로 초점을 잃은
아이들의 눈에는 상실감과 공허로 가득하다
아무도 경험하지 못한 극한의 절망과 고통을 잉태한 검은 버섯 구름
악몽을 꾸는 아이의 손에서 꼭 쥐고 있던 초코파이가 힘없이 바닥에 떨어진다
뻥씨의 꽝, 꽝씨의 뻥
그들의 말 한마디에 희망과 절망이 교차한다
눈물과 땀으로 얼룩진 유성우가 빗발치듯 쏟아진다
견우성과 직녀성을 가로지르는 커다란 별똥별이 사라진다
개똥철학과 빛바랜 이념으로 무장한 두 형제
이데아의 변방에서 어설픈 손자병법을 설파하다 나란히 잠들고 있다

Profile

황 선 양(黃善亮)

충북 보은 출생
충남대학교 영문과 졸업, 하나은행 근무(구서울신탁은행)
성균관대경영대학원 CEO전문가과정수료
월간 <문학세계> 시 부문 등단
고양시민로스클 수료, 고려대학교 평생교육원 시창작과정 수료
동인지 『별 세다 잠든 아이』, 『새소리 밥상』 외 다수

창밖의 밥상 외 2편

황 선 양

나는 밥이 나오기를 기다리면서 창밖을 보고 있다
연초록 이팝나무에서 밥 짓는 소리가 들린다 콧날을 세워 킁킁거린다
나무의 정수리가 열린다
나는 나무의 밥상을 받는다
나무는 김 없이도 밥상을 차린다

아빠 창밖에도 밥상이 있어요
대지가 평상이고 자연이 밥상이지
아빠는 늘 창밖에 차려진 밥상을 먹고 산단다
산을 쌈으로 싸먹고 갈증이 나면 하늘을 마시지
엄마가 아플 때도 그랬단다
엄마의 오장을 흩뜨려 놓고 고통이 허기를 부를 때

소양강 토담집 토굴에 앉아 잘 차려진 밥과 반찬을 먹고 소양강 물을 마시곤 했다

창밖에 면발들이 주룩주룩 내린다
밭고랑에 상추 열무 깻잎 고구마넝쿨이 차려지고 감자꽃이 피고 있다

여름날 어머니는 칼국수에 호박채를 송송 썰어 넣으셨다

아버지는 옆에서 볏단으로 모기향을 피우셨다
시장기가 들 때 나는 창밖의 밥상을 찾는다
입맛이 없을 때는 밥상을 찾아 산으로 들로 떠돌아 다녔다
늙으면 밥심밖에 없다는 그녀의 말에
나는 그녀와 함께 하늘 밥상을 먹으러간다

창밖 밥상에는 계절마다 차림표가 다르다
비비추싹과 괴불주머니꽃을 한 움큼 뜯어
이팝나무꽃밥에 버무린다

창밖의 밥상에선 음식 이름이 소박할수록 입맛이 돈다
오래보고 있을수록 배부르다

내안에 구름이 살고 있다

머무르지 않기로 하였다
당신의 그림자가 산골짜기를 휩쓸고 갔지만
절벽을 넘어가는 법을 가르쳐주었다

그림자가
어디서 와서 어디로 가는지
그건 하나님만이 알고 있다네

하늘 끝을 떠도는 구름과
먹구름에 기대어 죽어버린 영혼이여
우정이 얼마나 먼 길을 걸어봐야
진정한 사랑을 깨닫게 될까

사랑이라는 이름으로 멀어지는
영혼 앞에
얼마나 많은 눈물이 휩쓸고 지나가야
진정한 평화가 찾아오게 될까

떨치어도 떨치어도
지워지지 않는 그리움이라면
구름 같은 편지를 쓰기로 하였다

달을 만난 아름다운 시간은
돌고 도는 부유(浮遊)의 순간
하늘의 끝을 멀리 돌고 돌아서야
숲으로 내려와
구름에 매달린 빛을 잡아당기는 공음(跫音)[3)]

3) 공음(跫音): 그리운 사람의 발자국 소리

추억의 통로

– 남이섬

여름에 무성했던 사랑이
가을에 익어가더니 겨울의 문턱에서
길을 멈추었구나

내 영혼의 사랑이여
찬송이
아직 당도하지 않은 고요한 아침에
구름의 한 조각이 되어 강가에 흐르고
새벽안개 자욱하구나

남이섬에서 혹은 아침고요의 숲에서
가을의 서정을 서걱이며 나뒹굴며 빛나던 추억
꽃들은 피고 고요한 숲은 아침이 오네

그러나 오늘
옆구리 빈 채로 술 마시고 이야기하고 웃음 날리며
이곳에 머무르네
아, 아, 정말로 미안하구나 내 추억아 내 사랑아
여름을 불태웠던 나의 촛불이여

천국을 향해 떠난 큐피트
그 사랑
내 안에서 부르고, 부르고 있는데

바람이 지나갔구나

Profile

전 하 라

계간 <스토리문학> 시 등단, 계간 <수필춘추> 수필 등단
고려대 평생교육원 시창작과정 수료
한국문인협회 · 한국현대시인협회 · 한국스토리문인협회 회원
문학공원 동인, 안산문인협회 재무이사
시집 『발가락 옹이』, 『구름모자 가게』
가곡집 『동강할미꽃』 가곡 작시 <봄날 연가>, <동작대교 연가>

초가을 숲을 거닐다 외 2편

전 하 라

4시 반을 넘어가는 길목
오후를 세로로 절개한 나무들이 햇빛을 세운다
목이 뻐근한 나무들이
서로서로 위를 올려다보며
쉬는 바람이 목을 누른다
한낮을 시원한 소나기에 내어준 공원 한켠에는
가을 배급을 타려는지 나무들이 줄을 서 있다
내 시야가 멈춘 그곳엔
낯선 이가 앉아 있다
내가 미처 모르고 달려온 곳에
가을을 재단하는 소리가 강하다
5시에 다가선 분침이 오후를 내려놓고
벤치 위에 남겨둔 약속이 스르륵 숨는다
기우는 햇살이 조심스럽게 고개를 내밀 때
나무들이 숲으로 떠난다

녹번동 갤러리

나는 녹번동 오피스텔에서 도움닫기를 한다
지금은 배고픈 영혼의 시간
시장기는 갤러리를 관람한다
한 장의 티켓이 할증 없이 붙어 있는 꿈을 안고 있다
어젯밤에 꽤나 졸리는 2파운드의 눈꺼풀을
계란으로 받치며 눈을 뜬다
마지막 남은 사탕을 입안에서 굴려 녹여먹고
차마 그 달콤한 사랑을 버릴 수 없어서 책갈피에 기억으로 담는다
용기 잃은 치아 사이로 브브브 브 소리만 내민다
올 해가 가기 전에 한 장의 수채화를 그리려고 남겨놓은
펜은 프라이팬의 계란처럼 지글대고 있다
더 이상 남겨지지 않는 눈의 수타에 주름만이 왕성하다
헤벌린 배고픔은 도움닫기를 잊어버리고
심술을 구겨 넣은 빗줄기가 굵다
나무들도 번지수를 잊은 채 빗금을 긋는다
오늘도 변함없이 내 가슴에 채워지는 안개
녹번오피스텔 501호 건너편에 부서지고 있는 녹번동 갤러리
나는 공허의 허공을 덧칠한다

토스트와 커피

– 이삭토스트에서[4)]

오후 4시경 햇살이 0.5도 고개를 돌리고 있다
월피동 다농 근처를 갈 때마다 들르는 단골집이 있다
커피향이 코끝에 묻어날 즈음
멈출 수 없는 발걸음은 이미 이삭 문을 당기고 있다
막 벙그는 히아신스 꽃숭어리처럼
스며오는 향의 접점
몸 안에서 끝 모를 사막을 걸어갈 때 느끼는 갈증이 인다
구미당기는 스테이크를 잘라 씹을 때 입안에 감도는 맛
정순 언니가 내민 토스트와 커피 한 잔의 조화는
내 몸을 봄으로 길어 올리는 마중물이었다
아이들을 위해 만든 햄치즈, 불고기토스트와
나를 위한 감자토스트는 겨울에서 봄으로 넘어오는 바람의 맛이 난다
그 어떤 집보다 그윽한 정으로 만든 맛
그 어느 셰프보다 깊은 노하우의 색다른 맛
누구든 이 집에 들어서면 푸른 풀밭의 순한 양이 된다

4) 안산 월피동 다농마트 근처의 토스트 가게

2부

낮달이 된 여인

Profile

김 종 웅

2004 <시인정신> 봄호에 황금찬 선생님 추천으로 시 등단
2003 <문학 21> 에 단편소설 등단 「사중주 오케스트라」로 신인상 수상과 함께 소설 등단, 한국문인협회 회원, 한국스토리문인협회 이사, 시섬문인협회 회원, 모던포엠·시와 늪·예인문학·글동네 2002·문학공원·문학에 동인, 제10회 이육사 문학상 수상, 제13회 천상병 문학상 우수상 수상, 장편소설 『Six &Nine』, 시집 『시, 요리하다』, 『시, 소리하다』, 『시, 길을 가다』 외 동인지 다수

바람의 깊이에 빠지다 외 2편

김 종 웅

갈 길을 밝히려는 걸까
나뭇잎들이 등불을 켠다
한결같이 내색하려 않더니
본연을 드러내며 마주하는 형용
바람이 깊어질수록
점점 더 높게 심지를 돋운다
이별하는 것들은 무언가를 남기려 한다
마음이 고픈 사람아
그대 단풍 드는 소리에 귀 기울여
아픔도 삭이면 노래가 되는
저 이별의 노래
음미하며 들어보지 않으려는가
이별하는 것들이
이별하는 것들이

상처를 남기지 않으려 서로를 끌어안는
저 붉은 가슴을
가만히 들여다보지 않으려는가

허공에 심다

집 앞
꼬마사과나무 한 그루
무심히 살아온 세월을
새들이 날아와 똥은 싸
자동차가 더러워진다고 자르잔다
잘라버리잔다
저 나무 허공에 매달기 위해
십 수 년을
맨발로 땅을 헤집고 헤집어 우뚝 섰는데
자르잔다
잘라버리잔다 우리의 젓줄을
그까짓 새똥 땜에
그까짓 낙엽 몇 잎 땜에
자르잔다 잘라버리잔다
우리는 어떤 허공에다 뿌리를 세웠는가
외쳐서 외쳐서 매달린 저 허공
눈앞이 어두워 환하게 자르잔다

박 한 덩이

전깃줄에 매달려
박 한 덩이
보름달로 아슬하다

저 위태로운 운명을 매달기 위해
몇 번을 쓰러지고
다시 일어서야만 했을까

운명 앞에 두려움을 놓아버릴 때
자신을 바로 세울 수 있다는 걸
미리부터 알고 있었을까

캄캄하던 밤이 환하다

Profile

김 무 늬

전남 출생, 계간 <스토리 문학> 시 부문 등단
고려대학교 평생교육원 시창작과정 수료
한국스토리문인협회 회원, 문학공원 동인
다울문학 회원
동인지 『달리는 미술관』, 『가슴에 이는 파도』 외 다수
이메일: apfh007@daum.net

뉴스 속보 외 2편

김 무 늬

여기는 밤 9시 한랭이 제 영역을 키우고 있는 신림 사거리 번화가입니다

젊은이들의 도시,
수많은 사람들이 교차하는 이 거리에 갑자기 지네가 나타났습니다
드라마 전설의 고향을 찍기라도 하는 듯
지네 한 마리 큰 허리 너울댑니다
수많은 발길질로 땅을 밀어내며 직립중입니다
사람들의 눈빛은 아랑곳없이 제 몸뚱어리 접었다 펴기를 반복하며 세상 구경을 하고 있습니다
앞으로만 직립하는 것들의 특징은 등가죽이 발달되지 못해 뒤를 돌아다본다는 것은
허리를 한 번쯤 꺾어야만 한다는 것을 지네는 이미 터득한 모양입니다
음침한 동굴 속에서만 살았던 지네는
휘황 찬 세상이 조금은 마땅치 않은 듯 얼굴을 찌푸리기도 하지만
금세 세상에 적응이라도 한 듯 두 손을 벌려 구걸을 합니다

이미 자신의 특성을 잃어버린 그는 치명적인 독을 품어내는 일조차 까맣게 잊고

지나는 사람들의 눈빛을 애절하게 맞추고 있습니다

무리에서 이탈한 그가 선택할 수 있는 일이란 자신을 버리는 일

사람들의 무리 속에 자신의 존재를 잊어버리고

마치 금방이라도 일어서서 걸어 갈 기세입니다

오랫동안 인간을 꿈꿔 온 지네의 다리는 점점 퇴적되어

겨우 제 몸을 밀어내는 정도입니다

제가 살아 온 고향도 몽롱한 기억으로 사라지고

본능적으로 생에 집착하는 지네는 내리는 하얀 눈을 맞으며 오래 전 전설을 기억합니다

흘낏 뒤를 돌아보다 한 방울의 눈물을 되 받아먹고 앞으로 밀며 나아갑니다

뉴스속보였습니다

에어컨

애초부터 한바탕 일을 치룰 각오는 했었다
태양이 밤새 술을 마셨다
밤낮을 구별 못하고 제 몸속에 들끓는 열기를 배설한다
설사를 하다가 그 토악질을 하고 다시 받아먹고 다시 토악질을 한다
그의 눈치만을 바라보며 위장이 진정되기만을 기다린다
혈관마다 뚫고 나오는 하지정맥의 심기가 불안하다
초비상이다 그를 달랠 수 있는 것은 오로지 냉기 먹은 동맥주사
깊은 혈관 곳곳에 쑤셔 넣어
발등 신경부터 머리카락 신경까지 온전히 내 사람을 만들어야 하는 일
세상을 제압하기에는 그렇게 어려운 일은 아니었다
일방적인 사랑은 늘 기울기 마련이다
평행으로 치달을 때마다 자꾸 꺾이는 심성
오매불망 사랑이라고 믿었다
길을 걸어도 가로수 내 앞을 막아도
오직 그만을 생각했다
원래부터 그랬던 것은 아니었다
내 삶에서 이토록 누군가를 간절해하고 나의 어깨선이 길게 느껴져 본 건 처음이다

그를 가슴깊이 품는 날
이제는 더 이상 사랑은 없다고 당당하게 말했다
먼 훗날 빛바랜 사진 한 장으로 남을지라도
처절히 그를 사랑하기로 했다

새들은 세들어 살지 않는다

이사를 했다
남향이라 방향이 좋아 돈이 들어온다는
이삿짐 사장님의 덕담을 듣고
난 벌써 빌딩 하나를 세운다
속설을 믿는다는 것은 희망을 믿는다는 것이다
어릴 적 처마 밑에 제비들이 집을 짓고
가족을 꾸리는 것을 보았다
내 허락 한번 빌리지 않고도 당연하듯
우리 집을 세들어 살았다
빌붙어 산다는 생각 따윈 생각하지도 않았다
누구나 집 하나 짓기에 평생을 바친다
아직도 세들어 사는 나는 둥지 하나 쯤 가슴에 박아놓고
내 집인 듯 편하게 잠이라도 자 봤으면
하루하루 숙박비를 지불하는 나는 새라도 되어
주인할머니 억지소리를 기둥에 묶어 두고 싶다

Profile

김 단

시인, 수필가
법무부 사회성향상위원회 위원
(사)한국영화인총연합회울산지부 이사
책 읽는 울산광역시 북구 추진위원회 위원
대한문인협회 홍보국장
울산광역시 태화강시낭송문학협회 홍보국장
울산 문화예술을 만드는 사람들 <숲> UCA 홍보국장

비조(飛鳥)를 꿈꾸다 외 2편

김 단

선선한 강바람이
나른한 오후를 지배할 때
잔잔하던 수면 위로
둥그런 파장 여러 줄 지나간다

숭어 한 마리
펄쩍 뛰어 오른다
하늘을 보고자 함인데
어허이야
어이 저리도 절박해 보일꼬

간절한 염원
순간의 도전으로
찰나의 비상을 얻었다

詩, 술잔에 갇히다

긴 세월
언어의 땅에서
얼마만큼 아름다운 말의 마디를
찾아낼 수가 있을까
詩란
쓰기 위해 존재하는 것이 아니라
존재의 이유를 찾기 위해 쓰는 것

시인은 언어에 잡혔고,
언어는 시구(詩句)에 구속당했다
하얀 원고지 위에 세워진 촘촘한 독방들
한 칸 두 칸 차례대로 언어들이 수감된다
말을 말로서 표현치 못하고
글을 글로써 표현하지 못한 죄
짧은 기교로 시를 농락하고
어설픈 은유로 문학을 어지럽힌 죄

투명한 술잔 속에
창작이라는 종신형이 찰랑댄다
수감 첫날 밤

시인은
술잔 속에 담긴 시만 홀짝거리고 있다

야간 어로

무거운 바다에는 파도가 없다
은빛 펄떡이던 생동감도
그물에 끼여 발버둥치던 몸부림도
아가리를 벌린 어둠이 먹어 치워버렸다

하늘과 바다
긴 띠 사이 그 너머엔
거대한 고래들의 함성만 들려오고
푸르디푸른 태양의 바다는
짙은 어둠 속에 잠겨
소리 없는 항변만 내뱉고 있다

하현달 아래
묵직한 어획을 느끼는 순간
막다른 골목을 향해 재빠른 회항으로 돌아선다

어둠을 삼킨 달빛은
희미한 그물의 매듭에 걸터앉아
거칠게 몰아치는 파도의 움직임만 응원하고 있다.

이 윤 순

계간 <스토리문학> 시·수필 등단
한국스토리문인협회 회원
한국문인협회 회원
문학공원 동인, 자작나무수필 동인
시집 『스케치북 한 권』
동인지 『꿈꾸는 도요』, 『힘들지만 사랑의 힘으로 배긴다』 외 다수

벽 외 2편

이 윤 순

같은 땅
같은 민족으로
같은 눈을 가지고
같은 것을 배웠는데
같은 것을 보면서
어떤 이는 된장이라 우기고
어떤 이는 똥이라 우기며 싸운다
굿이나 보고 떡이나 먹는 민초지만
늘 불안 하고 답답하고
서글프고 맘 아프다
보이지 않는 벽도 허물지 못하는데
눈에 보이는 벽 허물기를 어찌 바라겠는가

가을 길에서

일조량이 적어 졌다는 이유로
기온이 점차 떨어질거라는
선견지명으로
황혼 이혼하듯
가지와 이별을 고하고
길 위에 널부러져 누웠던
갈 잎 한 장이
벌떡 일어나 뜨르르 떨떨 날 따라오며
너도 나 같은 단풍이니
동행하잔다
그래!
좋아!
함께 가자꾸나
너는 바람에 밀려가고
나는 세월에 밀려가고

밥

배고픈 세대에게
환영 받던 이밥이
세월에 밀려 났고
신세대에 밀려 났네
손쉬운 패스트푸드에
손들었네 이밥이

우리의 고픈 세대들
인사법도 밥타령
오나가나 밥인사
더 무라 마이 무라
살찐다 짜증부리니
눈치 살피며 마이 무라

Profile

김 소 미

경기도 거주

계간 <대한문학세계> 시 부문 등단

고려대학교 평생교육원 시창작과정 수료

이든문학회 이사, 텃밭문학회 이사, 사)창작문학 예술인협의회 회원, 한국스토리문인협회 회원, 문학애작가회 회원, 민주문학회 회원, 영상문학회 회원, 문학공원 동인

sumuk7@naver.com

사월의 향기 외 2편

김 소 미

초록 이슬 또르르
구르는 들 꽃길 지나서
그리운 그대 손잡고
에메랄드 빛 영롱한
푸른 호수에 가야겠네

하늘에는 새털구름 흐르고
연분홍 꽃잎은 호수 위에 날리누나
낮은 목소리 다정한 얼굴
그대 눈동자 별처럼 빛나네

리라의 언덕을 넘어
제비 꽃 안개 피어오르는
노을 진 호수에 돛단배 띄우고
그대와 풀잎의 노래 부르리
아! 사월의 향기에 젖노라

내 고향 오솔 길을 거닐며

첩첩산중 내 고향에
구름 타고 돌아왔네
그립고 보고 싶어
잠 못들고 뒤척이며

봄꽃 피고지고
갈잎 흩어지는 창가에
촛불 밝히던 그 수많은 별 밤
아! 몇몇 해였던가

깊은 심연의 골짜기엔
낙엽만 켜켜이 쌓여가고
구름 머무는 오솔길에
한 떨기 구절초가 외롭구나

산천은 변함없는데
정다운 모습들 보이지 않네
찬바람 쓸쓸한 안지골에
두견새 소리만 아득하여라

봉숭아 꽃 추억

여름 깊어 겹봉숭아 피어나니
옛 고향 생각에 눈시울 젖어드네

휘영청 달 밝은 한여름 밤에
쑥부쟁이 모깃불 피워놓고

별 내린 섬돌 아래 멍석 깔고 둘러앉아
봉숭아 꽃 물들이던 그 시절 그립구나

길은 천리 머나먼데 내 마음 어느새
그리운 옛 고향집 뒷마당에 머무네

이 태 순

아호는 승곡, 대구 카톨릭대학교 불어불문과 졸업, 경북인동상업고등학교 영어교사 역임, 계간 <스토리문학> 시조 등단, <글벗문학> 수필 등단
경기대학교 평생교육원 시조창작과정 수료
(사)한국스토리예술총연합회 시창작과정수료, 송파여성회관 이석규 석좌 교수 시조강좌 수료,
첫 시집 『참 괜찮은 여자』 그 외 다수

자화상 Self-portrait 외 2편

이 태 순

긴 세월 넘고 넘어
바람처럼 밀려왔다

세파에 묻힌 때는
얼마나 많을 거니

영혼과
지은 죄업에 내 육신이 조아린다

죽으면 썩어질
손과 발 육신인데

무엇을 그렇게도
애살 떨며 살았던고

어차피
끌고 가다가 버릴 이 몸 아닌가

꽃보다 나비로

화무십일홍인들 어떠하리
하루를 살다 죽더라도
화려한 꽃으로 피어보고 싶었다

자고 나니 마음이 변했다
척박한 땅에 뿌리박고는
한 치도 움직일 수도 없었다
나는 어느새 한 마리 나비 되어

하늘을 날고 있었다.
깃털처럼 내려와
내 마음에 드는 꽃을 자유롭게
옮겨 다닐 수 있게 되었다

붙박이보다는
한순간이라도
내 의지로 날 수 있다는 것이
너무 좋았다

물에도 가고
바위에도 가고
나를 버리고 간 사람에게도 가서
가장 우아하게 날아올랐다

낙엽 사랑

지금
사라져 가는 낙엽을 밟으며
나는 살아서 걷고 있다

그 길 위에서
나도 언젠가
영원히 바람에 날려
사라질 날 올 것이다

으스스
찬비 내리는 가을날
보도블록에 온몸 내던져
화려한 오색 단풍색으로
속살이 비치는 채 젖은 눈짓으로
전신을 던져 깨어지는 소리로 날 유혹 너
사랑아
이 가을에 난 너와 자석 같은 사랑에 빠졌다

너는 나를 끌고 바람개비 그리며 사라진다
저 멀리 우리가 가면 다시 못 올 피안의 세계로

Profile

김 진 택

고려대학교 평생교육원 시창작과정 수료
한국스토리문인협회 회원
문학공원 동인
사진작가 밴드 <카메라 기초부터 배워 사진작가 되자> 운영자
goodsmellone@naver.com

낮달이 된 여인 외 2편

김 진 택

사무치는 그리움으로 무작정 나선 길
헤매인 시간이 얼마인지 어딜 왔는지
화들짝 놀란 틈에도
그의 뒷모습을 놓을 순 없었다.
영원하길 바랬던 첫날의 사랑이 꿈결 같은 데도
흔들리는 마음이 들킬까 두렵기만 하다.
어둔 길 밝혀주던 친구들도 돌아가고
길 잡아주던 구름마저 흩어졌는데
여전히 나는 하늘 한 켠에 생뚱맞게 서있다
뒷짐 지고 딴청 피우는 그이가 야속하지만
그 모습이 또 멋있어 보이니
나는 어쩔 수 없는 그의 여자인가 보다
그이를 연모하는 꽃들이 비웃고
짝지어 나르는 새들이 놀려도
나는 여기서
삼백예순날을 보내고 또 보내며
능청맞게 돌아올 그이를 기다린다

해질녘 바닷가에서

해질녘 노을이 아름다워 멈춰선 발길
뇌리엔 벌써 영사기가 돌아간다.

코찔찔이 어린 시절 달고나를 빨던 모습
넘어간 공 때문에 전전긍긍하며 담벼락에 매달렸었다
후크를 풀고 교모는 비스듬히 써야 폼나는 줄 알았다.
버스 안에서 여학생 가방 돌리기를 낙으로 삼았던 얄개시절
폭풍의 질주를 거듭하며 뜨거운 우정을 과시하던 절친들
그리고 이야기들
슬몃 입꼬리에 미소가 담긴다.
순간순간 죽고 못 살았던 애상들이 연가처럼 흐르다가
드문드문 뾰족한 무언가에 옆구리가 아프다

시나브로 다가와 무릎을 들이미는 이 사람과 함께
어느 새 먹빛이 된 바다와 저 건너 뻘쭘한 등대를 바라본다
저 등대처럼 고집스럽게 살아온 나 때문에 얼마나 힘들었을까
바다에 잠긴 이 사람의 시간들은 조바심치며 안달복달
잔돈푼에 바들바들 그리곤 자기 이름마저 잊어버린 시간이었네
이제 다 돌아간 영사기는 헛바퀴만 돌리고
상념의 바다엔 아픔만 남았다

위법입니다

법을 지키며 사는 일 참 어렵다
금연 구역에서 담배를 피우거나
골목길 담벼락에 오줌을 싸거나
누군가에게 대놓고 욕을 하거나
슬쩍 무단횡단을 하는 일 다 위법이다

최신상 아웃도어 패션에 김 여사를 만났다
산행 중에 사진 몇 번 찍어 주고 친해졌다
뒤풀이에서 잔을 부딪치니 더 친해졌다
거한 농담이 빨간색으로 진하다
용감한 김 여사가 되시더니 스킨십이 과감하다
바깥 분은 좋으시겠어요, 이렇게 다감하시니
김 여사가 정색을 하며 손사래를 친다

가족끼리 그러는 건 위법이에요
그건 절대 있어선 안 되는 일이에요

오 현 주

인천 출생 거주
2009년 월간 <스토리문학> 시 부문 신인상 등단
한국스토리문인협회 회원, 문학공원 시동인, 자작나무 수필동인
2011년 제1회 스토리문학상 시 부문 우수상 수상
동인지 『마른 이파리 한 잎』 외 다수
수필동인지 『아버지와 자작나무』, 『힘들지만 사랑의 힘으로 배긴다』
『문인들의 별명이야기 - 이쁜이와 짜장면 오인분』

대상포진 외 2편

오 현 주

이곳은 공공의 적이 판치는 놀이터라 부르겠다
손뼉을 칠까 발차기를 해볼까
방심했던 무감각이 감각의 신경을 깨우기 전
항바이러스제가 흩어진 적을 공습하기 전
놀기 좋은 곳 많아도 한쪽만 치는 게 꼼수다
없는 듯 숨어 그녀의 고통을 즐기자
형체 없는 칼과 창은 우리의 무기
단 피 고인 놀이터가 탁해질 때까지 벌떼처럼 뛰어놀자
나르시시즘이 교차했던 시침의 숨길을 끓게 하자
살갗 슬근대는 72시간이 최적의 시간이다
화르르 맺힌 석류 빛 알갱이를 봐
촛농처럼 자글거려 즐겁지 않나
살갗에 갇힌 울음주머니도 톡톡 터트려 봐
발트렉스 정 500밀리 그람은 우리에겐 죽음의 펀치
놀이터에 현미경을 투시하던 의사가 떠들더군
그놈은, 위장 전술 뛰어난 은둔형 무기수라고

우리는 반사회성 성격장애의 어둠을 닮아
일상의 그늘에 숨어 사는 사이코패스와
타인의 감정을 비웃는 소시오 패스를 조롱하지
길을 걷다 철퍼덕 앉아 한숨도 쉬지 마
완벽이 무너지는 산행은 하지도 마
우리는 핏빛 고운 놀이터를 찾는 진행형이지
뼛속까지 스몄던 고농도의 푸른 독이지

담쟁이의 벽

사람과 사람 사이보다 e편한 세상의
벽에 기대야만 푸르렀던 한 잎
밧줄 한 가닥 내어준 벽이 그의 밥줄이었다

붓 끝에서 파란 이파리들이 쏟아졌다
벽의 실금 사이로 빠르게 숨는 또 다른 벽들
한 잎의 뼛속부터 소금꽃이 벙글기 시작했다
패기의 각이 되었다가 오기의 결절로 맺히다가
꽃잎은 정오를 넘지 못한 채 흘러내렸다

폭설처럼 퍼 붙던 여우비는 꼬리를 털고
어느 골짜기로 사라졌을까

팽팽했던 밧줄도 쓰임새의 속성을 져버렸다
벽의 감정에 고품격의 수액을 덧칠해놓고
헛웃음 짓는 사각 창의 눈동자들

페인트 통을 매고 e편한 세상에 떠있던 한 잎
고향 방글라데시로 돌아가는 밧줄마저 끊어졌다

뱅골만의 파도처럼 무너지는 아내를
솟대위에 맺힌 이슬방울 같은 아기를
끝도 없이 돋아나는 벽 앞에 세워둔 우리

차돌의 뿌리

차돌을 넣고 꿰맨 낡은 바늘 쌈지 속에
관조의 힘으로 사는 돌이 있다
아홉 해 전 요양병원에 든 그녀의 혼수품이다
구정물에 빠져도 오물 씻어내면
호박단추 마냥 반지르르 한 것이 차돌이다
땅에 박힌 돌이라고 우습게 차면
내 발등 내가 찍고 돌부리에 넘어지는 것
돌은 스스로의 빛으로 죽은 척 엄숙해진다
돌덩이만 못한 것이 사람의 마음이다
한발 차 내면 두 걸음 앞 허방에 빠졌던 나
허나, 세상사 머피의 법칙만 있지 않다
송곳니로 실뿌리 툭툭 쳐냈던 애옥살이마다
보릿고개 심지만은 꺾지 않던 그녀가 그랬다
가슴에 써둔 한 소절 한 소절이 詩였다
누가, 무른 차돌을 아흔네 살 아기에게 심어놓았나
움푹 파인 욕창에 뿌리내렸다
돌부리에 백발(白髮)이 싹틀 때까지
천 년 만 년 슬어보시라
색동무늬 고운 반짇고리 속
링거줄을 꼭 쥔 차돌의 뿌리가 탱탱하다

Profile

윤 창 현

경남 합천 출생
월간 <시사문단> 등단
한국스토리문인협회 회원, 한국시사랑문인협회 회원, 문학공원 동인
시집 『아버지의 자전거』
동인지 『상처 많은 풀이 향기롭다』, 『꿈꾸는 도요』 외 다수
E-mail ych00700@naver.com

산동네아이들 외 2편

윤 창 현

웃음마저 끊긴
산동네에 어둠이 내리면
일흔 할머니가 꺼진 탄불을 보고
빈 창고를 향해 긴 한숨을 푼다
세월에 늙은 점방엔 노가리 냄새가 나고
탁주 냄새가 나고
술 잔 위에 엉키어 씹히는 언어들
산동네 가로등 하나
취기 어린 사내에게
밤새 뭇매를 맞았는지
기웃 서 있고 백열등 빨갛게 취해있는 골목
깨이는 별들마다
비인 지붕 위에서 놀고
갸웃한 담장을
달그림자가 서럽게 넘는다

눈 내리던 날의 소묘

한가롭던
겨울 농촌 한낮 하늘이
감기 기운의 표정으로 흐리다

눈이 내린다

장마가 길어지던 지난여름
이사를 갔는지
소문도 없이 비워진 벌통 집
볏짚 씌운 고깔모자 위로
밤새 눈이 쌓인다

새벽
강아지 발걸음
종종 새기고 사라진
마당을 쓸고 있는
촌부의 손이 얼었다

가마솥 걸어둔 부뚜막 안으로
장작을 지피는 노모의 손길이
안쓰러움으로 바쁘다

눈이 폭폭 쌓인다

올겨울은
가을 끝내고 남은
고구마, 알밤이 모처럼
호장을 맞을 것 같다

강신무(降神巫)[5] 외 2편

버선 벗은 발로
신들린 나비가 작두를 탄다
외곡선 서슬 퍼런 칼 날 위한 품은 나비가 사뿐히 걷는다
오른손엔 성수부채
한 손은 천신의 방울금방울 짤랑짤랑 잡신 흔들어 쫓는다
'쉬… 익' 휘파람 소리에 "쳐라"
"덩덩 덩 덕 덩덕쿵" "덩덩 덩 덕 덩덕쿵"
"어이 어이 어디 이 어이"
"덩덩 덩 덕 덩덕쿵" "덩덩 덩 덕 덩덕쿵"
알아들을 수 없는 주술에
귀신 붙은 듯 혼 나간 처녀는
연신 손 비벼 빌고 수천 배로 섰구나!
물러가던 귀신들 썩 가지 않음에
깃 끝에 매달려 한 마당 어울다 가네
귀신들 불러들여 땀 흘린 싸움
너 홀로 싸우는 외로운 무인아
잡귀 쫓은 동자신 하늘로 회귀라
귀신 나간 그 처녀는 내가 되어 우는데
나비 한 마리 소소로이 날고 있다

---

5) 강신무: 신병(神病)을 통해 입무(入巫)한 무당으로 작두를 탄다.

Profile

소 상 호

건국대학교 행정학과 졸업, 건국대 대학원 도시개발학과 석사 졸업, 한국신학대학원 신학과 엠디비 코스 수료, 연세대학교 사회교육원 시창작과정 수료, 고려대학교 평생교육원 시창작과정 수료
<문예춘추> 월간 <문학세계> 시문학부문 등단
시집 『초록빛 바람꽃 달빛에 오르다』, 『파랑물고기』, 『쟈스민과 보름달』, 『꽃들의 기억』
수필집 『산에 스치는 바람』, 동인지 『옹달샘』, 『시인의 향기』

부용화 외 2편

소 상 호

퉁거운 목소리 가진 여자
두툼한 입술에 분홍빛 루즈 바르고
묵묵한 자태로
지난 날 한 남자의 인연을
자신의 마음에 묻어두고,
얼굴만 화사하게 보고픈 사연을 준다

전부터 삭혀진 마음의 애정
그토록 부드럽게 줄 수 있는지
다가가 안아주고 싶다

부겐베리아

사십대 후반
남편의 사랑을 멀리하고
오로지 자신의 울타리 만들어
바다 여행으로 키운
자신만의 불꽃같은 울타리

보기만하여도 입술이 뜨거워 마음이 붉어지는 외출의 유혹
혹여나 이브의 입술이 환생하여 유혹의 DNA를 가지고
꺼져가는 정열의 심지를 돋우려
먼 나라에서 수입한 얄미운 꽃인가

세상에서 분위기 띄우고
흥건하게 적시는 이성의 향기를
섭씨 사십도 가량 올릴 수 있는 양주 집 마담의 얼굴로
바라던 뜨거운 열정
하늘의 바람을 일으키는 커다란 용의 입술이 되어
승천하는 용기를 뿜어내는 아리따운 색깔로 꾸미는
붉은 자줏빛 사랑 온 산천을 물들인다
밝은 사랑으로 불질러주소서
아벨의 꽃으로 거듭나소서

동백

동백의 의로운 아픔을 누가 알까
봄볕을 기다리지 않고 따가운 여름날을 뒤로하고
하필이면 겨울 볕에 몸을 맡기고
가슴을 훤히 열었을까
누가 만들어준 고집일까
누가 길들어준 심성인가
속절없이 강한 미소가 흐를 뿐이다
추운 날, 고정시키는 입맞춤으로 꼭 알리고 싶은
사연을 지긋이 묻다
추운 정이 더 두텁고 매운 것
찬바람에 이겨낸 깊은 사연이 있기에
입술이 더 붉어지는가 보다

그 정열 때문에 가슴이 뛰며 고백은 눈으로 전하는구나

Profile

김 근 숙

고려대 평생교육원 시창작과정 수료
한국스토리문인협회 회원
안양문인협회 회원
글길문학회 회원
문학공원 동인
현)농림축산검역본부 근무
이메일 : kskim77@korea.kr

깍두기처럼 외 2편

김 근 숙

회사 운동회 때 줄넘기 선수를 선발한다
나이 먹은 티가 나는지 이제 더 이상 나 같은 사람을 끼어주지 않는다
팔짝 뛰어 들어가 나비처럼 날수 있을 것 같은데
어릴 적 고무줄놀이 때 처진 팀을 살려주던 깍두기 역할이 그립다
왕따로 혼자 남겨두는 일은 없었다
늦게 나온 친구 약한 친구 모자란 친구에게 깍두기는 다가선다
자유로운 영혼으로 허공을 유영하는 누구의 편도 없는 깍두기 삶
설렁탕 갈비탕 순대국의 맛을 높여주는 동행자로 살고 싶다

갈치조림 밑바닥에서 깊은 맛을 더해주고 싶다
누룩 막걸리 한 잔에 정겨운 친구가 되어주고 싶다
매콤한 땡초치킨에 하얀 깍두기의 담백한 마음이고 싶다
눈 내린 겨울 살짝 얼은 깍두기처럼 짜릿한 마음으로 살고 싶다

평생 농사일로 일하셨던 엄마는 소풍, 운동회도 못 오셨다
빛바랜 추억의 사진 속에는 늘 할머니뿐이셨다
워킹맘의 딸로 태어났지만, 깍두기로 재탄생한다
워킹맘으로 살아온 이십여 년 깍두기 역할은 분주하다
녹색어머니 도서실사서 청소도우미로 들락날락대고
아내로 엄마로 며느리로 여자의 자리는 늘 갈등관계이다
하지만 아이냐 일이냐의 쓸데없는 갈등은 없다
깍두기는 시간이 없다는 핑계는 내뱉지 않는다
때론 욕망과 꽃들 사이에서 망설여질 때 더 맛난 깍두기가 된다
남몰래 나눠야만 하는 애틋한 연인의 밀어 속에 끼어 들어간다

깊어가는 가을의 시간 위에서 황금빛 길을 걷는다
초록의 신록보다 더 황홀한 빛이 내려오는 길
깍두기는 초겨울의 빛까지도 받아들인다

마늘

갈릭! 가슴속 심장으로 두 손 모아 백일기도하던 동굴 속으로 다시 가자
마늘은 세 겹의 옷을 입은 채 매운 맛으로 동굴을 휘감고 있다

갈릭! 너는 좋으냐? 쓴 쑥과 독한 마늘을 먹으라고 했던 것을
마늘의 빛깔은 순백처럼 곱고 모양은 유혹하는 순결이다
마늘은 두 마리 짐승 앞에게 먹어보라며 당당하다

갈릭! 너는 좋았느냐? 몸속을 여행하는 은밀함이
꽃잎을 따기 위한 필생의 힘으로 마늘을 먹었지
동굴 속에서 여자가 걸어 나오고, 푸른 숲길을 닦았으니

갈릭! 너는 좋으냐? 너를 찾는 아우성 소리가.
불타는 정열의 빛깔에 파묻히고,
몸속으로 파고들어 허파, 심장과 세포들 사이에 안착했지
뜨거운 불 위에서 나른한 몸이 되면 긴 잠에 빠져들지
느끼한 버터와의 만남은 소슬한 바람에 몸을 맡긴다

갈릭! 너는 좋으냐?
너의 몸을 벗기려는 예리한 내 감촉이

도시적인 연인과 동굴 속 여자가 나란히 앉아 너를 벗긴다
온 몸이 뒤틀리며 너를 정복해 나간다

새하얀 마늘이여 가까이 오라
우리는 언제까지나 너와 함께 하리니

가까이 오라
네 향기와 인고로 함께 하리니

사랑의 섬 사량도를 찾아

– 돼지풀아재비를 예찰하며

사랑실은 사랑도행 유람선에 오르니
사랑의 온도로 뜨거워진 온돌방에서
사랑스런 사람들이 옹기종기 모였다
사랑의 언어들이 파도를 걸어가서
사랑의 섬 사량도에 닻을 내린다
하도와 상도의 사랑을 이어주는
사량대교가 거센 물결위에 당당히 서있다
사랑의 하트가 사량대교에서 피어나고
옥녀봉 정상 사랑의 출렁다리가
사랑의 냉가슴을 앓고 있는 바위에게
사랑의 이음줄이 되어 당기고 있다
사량도를 탐하는 돼지들이 사랑을 질투한다
야밤 멧돼지가 사랑의 보물을 캐내려 코를 벌름거리고
돼지는 쑥과 단풍으로 위장한 채 사량도를 기웃거리고
사랑의 탈로 위장한 돼지풀 꽃가루가 공중을 배회한다
비위 좋은 돼지풀은 독한 바이러스에도 끄떡없다
산박하가 사랑의 향기로 사량도 바다를 감싸고
보랏빛 쑥부쟁이는 사랑의 인사를 연주중이다
산속 도깨비바늘은 돼지 몸에 바늘세례를 퍼붓고
쥐꼬리망초는 억센 꼬리로 돼지들을 내리 후려친다

독 오른 마늘은 땅굴 파는 돼지코를 쑤셔댄다
돼지 떼들은 사랑도의 사랑에 거부 당한채
사랑품은 옥녀봉은 사랑도를 껴안은 채 우뚝 솟아있다

사랑도를 떠나 유람선에 오르니
사랑의 온도로 온돌방은 여전히 따스하다
사랑의 밀어들은 물보라를 헤치며 사랑의 길을 만들고 있다

Profile

김 순 수

본명은 김수영, 고려대학교 평생교육원 시창작과정 수료
계간 <스토리문학> 등단
한국스토리문인협회 회원
문학공원 동인
동인지 『별 세다 잠든 아이』, 『가슴에 이는 파도』 외 다수

나를 버리고 너를 택한다 외 2편

김 순 수

너의 이름을 불러본다
그래 너구나 하며 눈물을 흘린다
어머니와의 이별 앞에 불러보는 이름이었기에
눈시울 적시며 파도가 일렁이듯 숨을 쉰다
이제는 기억조차 희미해진 시간을 더듬는다

너의 이름을 불러본다
그래 내가 누구였지
기억을 더듬어보면 사기를 당한 인생사라
나를 외면하기에 충분한 이유였다

너의 이름을 불러본다
나는 김수영, 이리 불러줌에 난 듣기가 싫은 모양이다
수영아, 라며 다감히 불러줌에 나는 미소 띤 얼굴이다

너는 하늘에서 내려온 천사이거늘
나는 누구일까
나에 대한 물음의 태엽을 감는다
결코 미워할 수 없는 너이기에 녹화된 어제를 돌려보며
눈치껏 나의 눈물을 땀이라 적는다
눈매 순한 너는 밑 빠진 슬픔을 수리하느라 식은땀을 훔친다

나는 너에게 너무 오래 복무했다
네가 나에게 사주한 분부를 감내하느라 나는 없는 신념만 축냈다
이제 너는 나를 외면하는 방식으로 나를 훔쳐볼 것이다
너를 거절함으로써 나를 강화할 것이다

내가 파는 것들

하루의 분위기가 다른 사뭇 손님과의 충돌이 있는 터라서
아침 출근 전, 일어나면 세수를 하고 거울을 보듯
내 마음도 날마다 깨끗하게 씻어본다
그리고 다시금 친절이라는 거울에 나를 비추어 본다
집을 나설 때 머리를 빗고 옷매무새를 살피듯이
손님 앞에 설 때마다 생각을 다듬고 마음을 추슬러
단정한 마음가짐으로 늘 손님에게 왕대접을 하라는
사모님 권유로 웃음을 팔고 장사를 시작하곤 한다
장사를 하다보면 몸이 아파서 병원에서 진찰을 받고 치료를 하지만
마음까지도 아프면 누가 내 물건을 사겠나 싶어
상대에 배려함으로 나아지려 성실을 판다
수많은 손님을 적재해 놓은 나만의 구석에서 또 하나 혼자 자존심을 팔아도
며칠째 비는 두서없이 내려 시를 쓰고 살아도
비바람을 게양한 허공만이 내 소슬한 하루를 참견한다
손님이 소환한 근면과 손님이 호명한 나는
한 켤레의 신발처럼 가지런히 앉는다
한순간의 교통사고 아픔을 딛고 삶을 우회해 봐도
시와의 접촉사고는 피하지 못한다

얼굴을 팔고 시를 쓰면서 어느 한쪽을 통제하기도
그렇다고 연대하기도 성가신, 야젓잖게 얘기하자면 시인은 운명이다
고로 나는 김순수로 다시 태어난다
책을 읽으면서 마음에 새기듯이 손님의 말을 들을 때
인내를 팔고 쓰면서 마음에 깊이 간직해본다
즐겨 찾는 곳에 발자국을 못 팔 땐 몸을 낮추고 더욱 조심하듯이
어려움이 닥치면 더욱 겸손해지고 조심스럽게 행동하는 내가 되려했다
그래서인지 회사나 지금 현재의 가게에서도 누구의 잘못을 대신
내가 혼날지언정 배려를 파는 것도 복이리라

자란다 잘한다

기도는 예수와 자란다
죄 없이 기도만 할 수 없었으므로 자란다
그런 기도는 너무 싱거웠으므로 잘한다
내가 숭배하는 유일신은 일용할 죄
내 유일한 일손이 기도를 전전하며
죄를 쓰는 것처럼 예수와 잘한다

꽃들은 나비와 자란다
내 묵은 우울을 몰수해 가며 잘한다
나를 돌보는 재미가 쏠쏠한 지 자란다
꽃들이 몸을 이리저리 나비와 흔들어 잘한다

가을은 동행으로 자란다
가을아 어찌 이리 푸르고 어찌 이리 높은지
먹구름 머금은 내 마음이 자란다
동행아 너의 그 푸르름에 나를 담구어
붉은빛 춤추는 살짜기 내려 주려 잘한다
가을을 따라 기약없는 길을 걷다 자란다
남긴 발자욱은 나의 숨소리처럼 동행으로 잘한다

시인은 시를 비비고 자란다
살아 있다는 착각을 챙겨 먹고 자란다
시인은 느릿느릿 봄볕을 저밀며 잘한다
시의 재량권을 넘보는 소주의 활약상,
종종 시의 종자가 되었다고 자란다
시를 어르는 사람이 잘한다

Profile

오 연 복

고려대학교 평생교육원 시창작과정 수료
계간 <스토리문학> 시 부문 등단
2014 대한민국인물대상 수상, 제8회 전북의 별 표창
한국스토리문인협회 이사, 문학공원 동인, 가곡동인
동인지 『별 세다 잠든 아이』, 『어머니를 걸어 은행나무에 닿다』 외 다수
가곡 <물푸레나무타령>, <갓밝이>, <변산반도 마실길> 외 다수

노랑(怒浪), 그해 4월 외 2편

오 연 복

구중심처 지(밀至密)의 빼꼼히 열린 문틈으로
신음소리 새어나온다
바람풍을 바담풍으로 내뱉는, 카더라 통신의 산케이 지국장은
신음, 그 소리는 질펀한 사랑 터지는 소리 아니냐며
소니메가폰을 위아래로 흔들며 희학질을 해댄다
남세스런 비아냥에 백의(白衣)는 흑빛이 되어가는데
어인 가슴앓이가 그리도 질긴 것인가
야바위 짓에 망신살은 물을 건너 뭍으로 누리로 울려 퍼지는데
모르쇠로 틀 속에 갇혀버린 시간
보이지 않는 문틈 너머로
아무도 알 수 없는, 지밀한 향연이 되어버린 소리는
빗장 너머에 똬리를 틀고
귀머거리 세상의 까막눈만 넌지시 응시한다

진도 앞바다에서 울부짖던 검붉은 파도가
남해안을 덮치고 서해에서 절규의 용오름을 하는 2014년 4월 16일

햇살 창연한 아침나절부터 노을에 피멍이 들어가던 때까지
수심 44미터의 아비규환보다 더 깊은 곳에 잠수해버린 일곱 시간
컨트롤타워의 몽롱한 해도에는
좌초선 옆 산호초의 오색물고기가 조영되고
베일 안에서는 면경(面鏡)만 황홀하게 만지작거린다
수장(首將)없는 해경과 해군은 물살에 허우적거리며 줄다리기를 하고
절박하게 가라앉는 세월호(世越號)에서 세월(歲月)을 앗아간 사이
가없는 생명들은 야멸친 파도에 수장되어 간다
먹구름 소슬히 울어대는 병풍도(屛風島) 북쪽바다에 병풍을 치고
차갑게 수몰된 304명의 애먼 영혼들이
영문도 모른 채 영문(靈門)을 향한다
아, 하늘조차도 밀려드는 영혼에 영문을 더디 열고
휘몰아치는 바람마저 에둘러 비켜가는데
일제 중고 선을 개조한 세월호에는 사쿠라가 내려앉는다
잠적한 사이비 교주의 영멸(永滅)에 굿판이 벌어진다
오방색에 속곳을 가린 볼모는 은막의 그림자를 무심히 시연한다

미증유의 일곱 시간은 세월 타래에서 빨갛게 윤색된다
보톡스에 감춰진 낯빛에서는 염치마저 희번덕거린다

첫 주민등록증 대신 명정(銘旌)으로 공포된 꽃다운 열여덟
250위(位)의 단원고 학생 영정(影幀)을 모시고
안산에 만장(輓章)을 드리운다
그 푸르던 새싹은 애꿎은 불꽃으로 산화하는데
단원에 우두커니 마련된 기억교실에는
차마 순장(殉葬)하지 못하는 땀내와 너털웃음, 희망과 기도가 유랑하고
울어울어 가슴밑바닥까지 말라버린 유족들의 눈물 자리에
차디 찬 진도 앞바다와 세월호를 삼킨 구중심처가 들어 앉았다
우두망찰한 세월은 세월호에 어린 영혼들을 보쌈하여
구중심처보다 더 지밀한 저세상으로 실어 나른다
노랗게 물결치는 원혼의 영가에
산천이 울먹이고 억장은 무너지는데
매몰찬 구중심처는 끝내 너울조차 외면하는가

씻기지 못한 넋전은 을씨년스런 길거리에 먹먹한 촛불을 사르고
노랑(怒浪)은 까만 밀실에 노란 부표(浮標)를 띄운다

섬진강 벚꽃

가신 님 윤슬에 오련하고
호박돌 여울에 샛바람 넘실거리는 사월

그 해 봄날이 회돌이 하는
매화마을에서 노를 저어본다

지리산자락으로 홍매화향 잦아들고
물속바위에 새하얀 벚꽃이 나풀나풀 내려앉으면
달빛에 섬진강이 흐르고
꿈결에 아버지와의 추억이 무지개를 놓는다

어녹이치는 강바람을 타고 와
아직은 마디가 시린 섬진강 벚나무를 뒤란에 옮겨 심던
아버지의 굵은 주름살 사이로
앙증맞은 벚꽃이 봉싯 피어올랐지

못자리를 고르는 날
발채만한 벚굴을 연탄불에 호기롭게 올리시며
탁배기 잔에 화사한 벚꽃을 띄우시던
낭만의 미식가, 울 아버지

그 호탕하시던 아버지의 웃음은
탈장으로 한 뼘이나 도려낸 대장과 함께 해풍에 묻은 지 일곱 해 겨울
쉰여섯 애먼 나이에 벚꽃잎이 되어
훠이훠이 강물을 건너가셨지

옥정호에서 은어처럼 헤엄쳐 온 섬진강 물살이
바닷물에 갯간을 하는 저녁나절
달큰한 벚굴의 야들거리는 속살에
벚꽃 잎이 섶간을 한다

임께서 두꺼비 등을 타고 섬진강 나들이를 하신다
달콤 짭조름한 벚꽃을 마주하며
섬진강이 남해바다 물이랑을 들추는
기수역에서 울 아버지를 만난다

풍경화 · 1

– 대평원의 여명

터키의 콘야 대평원 횡단도로는 먹빛 바림(gradation) 아스라한
지평선의 틈새로부터 어둑새벽의 여린 호흡이 밀려든다
실낱같은 빛줄기가 수백리길 광활한 대평원의 무거운 어깨를 털어낸다
막 멱을 감고 오르는 은은하고 발그스레한 어스름은
지평선의 알몸을 매끄럽게 탐색한다
드문드문 완만한 굴곡을 드러내는 구릉들이 부드러운 담채화를 그려내고
여명의 바다는 능선을 타고 출렁인다
삽시간에 온갖 물상을 일으켜 세우며 대지의 숨결을 어루만지는 연금 빛 물살,
와 먼동이다!
눈동자에 머물던 경이로움은
가슴속속들이 볼그레한 빛 물살로 살랑인다
1월 하순을 여는 새벽은 양탄자 빛의 향연을 펼쳐간다
구름을 밀쳐낸 장엄한 햇살은
밤새 어둠을 밟아온 고속도로를 단숨에 하얗게 삼킨다
드문드문 외로이 서있는 키 작은 나무들과
전선을 실어 나르는 고단한 철탑을 애무한다
대평원에 도란도란 놓여있는 마을과 아담한 모스크들을 멀찍이

조영하던
흐릿한 초점을 보정한다
외딴 집 길목을 서성이며 달그림자 냄새에 킁킁거리는 강아지 등짝에도 햇물이 든다
정감 넘치는 밭이랑은 그 폭 수를 헤아릴 사이도 없이 밀려왔다 밀려가고
차가운 대지를 감싸고 있는 연초록 밀싹들이 양털처럼 포근하다
온유한 아침이 맥놀이하자
자드락 건너편으로 광활한 소금호수가 잔물결로 일렁인다
대지의 품에 안긴 널따란 호수가 대지의 끝자락을 범람한다
지평선이 수평선에 잠기고
수평선은 피어오르는 해무자락에 햇살을 수놓는다
새벽이슬 젖은 바람결을 타고 온 아침이 살그래 웃는다

이 형 근

연세대학교 경영대학원 졸업
주)판타지움 CFO
계간 <스토리문학> 등단
고려대 평생교육원 시창작과정 수료
한국스토리문인협회 이사
문학공원 동인

그런대로 한 세상 외 2편

이 형 근

슬픔과 아픔이 쌓여 무심한 길이 된다

그 무심의 언저리에 하나의 존재로 각인되어
어제의 기억을 촘촘히 기워내는 미련한 인생
한 편의 드라마를 쓰듯
고운 색깔로 곡절을 넣어 빛나던 그 때인양 각색하면
질곡의 늪에서 허우적거리는 시간들은
그런대로 매끄럽게 붉어지지
여느 때처럼 잘지냈어 라는 인삿말로 서로를
위로하며 그 자체로 의미를 부여했는데
언제 부턴가 막막하다가 씁쓸한 울림으로 진동하지
온통 알 수 없는 던짐이 텁텁한 세상을 덮어버리면
여기까지가 한 해의 끝자락

떠남과 같이 다가오는 또 다른 지금
온통 찬바람만 드세다 겨울이다

과도기

고산준령을 넘는다 첩첩히 둘러싼 산맥이 심오한 그때인양 처연하다 벌써부터 대오를 맞춘 밤은 추적추적 내려오고

공중으로 휘갈기던 바람 또한 매몰차게 몰아세운다 검붉은 달빛 속 너더너덜한 너덜길을 타며 소름 돋은 뼈를 붙잡고

비령을 내려간다 맨 처음 간직했던 기도를 외운다 공포를 공허를 기도한다
가쁜 숨 사이로 파란 기척이 흔든다

오래전에 이곳으로 떠나왔다
지금은 떠나는 중이다
눈빛이 루비처럼 빛나던 기억
어떤 것은 사라지고
어떤 것은 사랑하고
어떤 것은 읽을 수 없는 이야기로 남는다

새벽녘
비누 거품 같은 안개가 이쪽에서 저쪽으로 펄럭인다

별이 빛나는 밤에

시작도 끝도 없는 기억 속에서 당신을 만났어요
아무것도 할 수 없었어요
기다릴 수도 없었어요
어긋난 시간이 잘게 썰어져 고요를 훔치고 있죠
고요를 목격한 어둠이 슬그머니 다가와
우리 안에 뜬 하얀 별들을 마시죠 그러면
음악이 흐르고 꿈꾸듯 전율하죠
아슬아슬 또 다른 시간이 가네요
시선이 번져도 우리는 서로를 알아보지 못하죠
우리는 처음부터 몰랐으니까요
파란 날개들이 울렁이는 밤이 지나면
아름답다고 노래한 것들을 잃어버리죠
한동안 먹먹함이 여울지고
당신과 만난 간격은 즐거웠던 비애

볼륨은 점점 낮아지고
지난밤의 사랑은 낯설고

3부

들꽃은 바람이 차지하고

Profile

김 정 순

전남 담양 출생
광주대학교 문예창작과 졸업
한국스토리문인협회 회원
문학공원 시 동인
동인지「 꿈꾸는 도요 」

겨울 모퉁이 외 2편

김 정 순

아파트 입구를 나서면
담 모퉁이에 노란 지붕을 머리에 이고
한 여인이 서 있다

윙윙대는 바람에도 아랑곳
가늠할 수 없는 시간에 몰두 중이다
때론 작은 아이가 엄마의 손을 잡고
신기한 마술이라도 보는 듯
눈을 떼지 않고 바라본다

아마도 그녀의 목젖을 데우던 아담한
저 울타리는 겨울이 지나면 칭칭 묶여진 채
다시 올 겨울을 기다릴 것이다

쓸모없는 몸뚱이로 한 구석에서
어린 아이의 맑은 눈동자를

그리워하겠지

싸락눈 내리는 모퉁이에서 오늘도
그녀는 붕어를 잡고
붕어는 묵묵히 살찐 몸을 뒤척이며
차가운 겨울을 뜨겁게 데울 것이다

부르고 싶은 이름 하나

거리를 걷다가
낯익은 건물과 낯익은 간판을 보면
그리운 이름, 부르고 싶다

시끄러운 자동차 경적 소리도
링거줄 달던 병원 골목도
그냥 반갑기만 한데

현관문 여닫을 때마다
울컥한 이름
파전을 부치고
고기를 삶고
북어포를 씻으며
낯익은 바람 냄새를 맡는다

잃어버린 듯 살아온 많은 봄날
눈부시던 그 어느 축복의 날
구멍 숭숭 뚫려 희미해진 기억이지만

바람만 사는 내 가슴에
부르면 대답할 것 같은
그리운 이름 하나 있다

봄이 오면

나에게 봄은 작은 연못으로부터 시작된다
내 안에는 늘 작은 연못이 있다

물수제비 한 번 만에도 갈라질 연못, 작은 돌멩이
하나만 던져도 요동칠 연못이지만

물옥잠 한 잎 띄우고, 가시연 서너 잎 띄우고, 개구리밥도
한 주먹 띄우고, 마름도 한 움큼 띄우자

금붕어 둥지도 만들어줄까, 청개구리 뛰어노는
운동장 연못에 청개구리 쉼터도 만들어줄까

아침 햇살 보랏빛에 연서 한 줄 걸쳐놓고 친구에게
전화를 해야겠다. 봄이 오면 노란 수선화 한 삽 떠오라고

Profile

서 창 원

고려대학교 국어국문학과 , 건국대학교 행정대학원 도시계획학과
한국스토리문인협회 초대회장, 한국스토리문인협회 자문위원, 월간 스토리문학 등단, 국토개발연구원 연구위원
저서 『국토와 정책』(1998) 『땅의 혁명』(2007) 주집필
시집 『당신의 이야기』(1998), 『공가에 피는 꽃』, 『허공에 집짓기』, 『엄니 정말 미안해요』, 『존재의 이유』(시화집) (2016)
동인지 『길 끝에서 만난 사람들』 외 10권,

들꽃은 바람이 차지하고 외 2편

서 창 원

들꽃은 바람이 차지하고
하늘은 새들이 차지하고
그것 말고는
그리움 같은 것은 내가 차지하고
그래도 내가 차지할 것이 없다면
바람이 버리고 간 들꽃이나
새들이 버리고 간
하늘 한쪽이거나
그 중에서 하나를 차지하고
아무것도 차지하지 못하면
떠나야 한다는 슬픔 때문에
허허로이 나는 가야 하리

간고등어

배를 째고
배를 포개고
배에 왕소금을 뿌려 넣고
그 배에 다른 고등어를 밀어 넣고
그렇게 절여서 간을 배게 한 것이니
간이 안 밸까

간이 배듯이
친구를 사귀면 친구가 내 가까이 끼어들고
사랑하면 내 곁에 좋은 사람들이 끼어들고
그렇게 고등어 포개지듯이
절여지고 간 배는 것이니

오늘 짜게 절여진 고등어 한 입 물고
짜면 맹물 먹고
자작자작 해볼 일이다

단맛보다 짠맛은 물을 켤 수 있으니
정도를 가늠할 수 있지 않은가
내가 맹물이니
고등어 간쯤이야 녹일 수 있지 않은가

아끈다랑쉬오름

바람의 너울 출렁이며
내 뺨을 스친다
바람은 내게 말한다
쉬잉쉬잉
알아들을 수 없는 기호로만 말을 한다
바람은 내게 암호로만 말한다
누가 내 곁에 있나 보다
들으면 안 되나 보다
바람은 내게 연인처럼 다가와서 입 맞추고
암호 같은 사랑을 속삭여준다
아끈다랑쉬의 바람은
어렵게 기호로만 이야기한다
내게 가까이 다가와서 중얼거린다
바람은 내가 못마땅한가 보다
쉽게 말하지 않고 쉬잉쉬잉으로만 이야기한다
첫사랑의 기호도
내게는 그때 그랬어
알아들을 수 없는 바람소리 같은
그런 거였어
어이 말을 할까 어이 말까
그런 거였어

Profile

지 성 찬

아호: 설정(說庭), 연세대학교 상경대학 경영학과 졸업
1980년 <시조문학> 추천으로 등단
현재 동아문화센타 현대시창작 연구반 강의
계간 <스토리문학> 주간, <시조세계> 편집위원
한국시조시인협회 감사 역임, 스토리문학상 대상 수상
시집 『서울의 강』,수필집 『깨끗한 그릇』 외 다수
가곡, 성가곡, 합창곡, 칸타타 등 200여 곡 작사

살아 있음이 행복이다 외 2편

지 성 찬

덕이동 아침은 뻐꾸기가 먼저 연다
덩달아 작은 새도 푸른 음표 물고 가네
이렇게 살아있는 땅에 일어서는 들풀이여

비가 오면 새들은 죽은 듯이 뵈지 않고
바람에 흔들리는 나무들을 보노라면
이렇게 살아있는 것이 행복인 줄 알겠네

예술이란

벼랑에 간신히 발을 붙인 나무가 있어
멋없이 키만 큰 나무를 부러워했네
아 글쎄 벼랑의 굽은 나무가 예술이라지 뭔가

인생 사업

술을 좋아한 친구 세상을 하직했다
평생 몸을 바쳐 일궈낸 인생 사업에
남은 건 하얀 뼛가루 허망한 무게였네

Profile

박 동 렬

포천 출생
경기대학교 영문학과 졸업
한국스토리문인협회 회원, 문학공원 동인
동인지 『봄을 밀회한 여자』, 『거미집』, 『돌아온 소』 외 다수

가마우지를 보다가 외 2편

박 동 열

안개 피어나는 팔당댐 두물머리 아래 소용돌이치는 곳에서 잠수하는 해녀 물고기 한 마리를 낚아 올리기에 가만히 생각해본다

그 물고기는 한강하류로부터 거슬러 오르다 밤섬에서 500년 놀다 온 것인지 홍수 때 수문을 도망친 녀석인지 잠수부도 그 족보는 모를 것이나 칠천년 전 암사동 선사유적지 열수 강가 백제 몽촌토성을 휘돌다가 아차산 기슭을 엿보다가 아득히 헤엄치던 강바닥에서 외세와 동족상잔의 피를 마시고 수많은 작살과 그물을 피해 면면히 살아남은 끈질김으로 합수머리 높디높은 수직의 댐을 오르고자 온몸으로 발버둥쳤을 너를

주린 창자를 채우고자 잡아먹는다
동학농민군의 함성으로 용쓰고 있는
오롯이 살아 숨 쉬는 민초들의
격전의 회오리 물살에서
외세 같은 가마우지는

갈대에 부는 바람

바람이 살갗을 스치어
흔들린다

지리한 여름장마 버티고
기나긴 겨울을 넘어
새살이 돋는 봄이 되면

여린 이파리
송아지가 먹고
송사리는 간지럽히고
소년은 배를 만들어 띄우고
가재와 갈대숲 사각거리는 교향곡을 듣는다

해가 바뀌어
새살이 돋고
철새가 잠시 다가와
지저귀며 수영도 하고
개울 옆 송아지는 밭을 갈고

바람은 여름 겨울 없이
불어오고
갈대는 바람을 맞는다
폭풍우에 쓰러진 후에도
여전히 바람은 분다

그래도 봄이 오면
어른이 될 때까지
우린 모두 새순을 키운다
상처 난 가슴에 여전히 바람이 불어오지만,

구름을 보다가

오르고 또 오르며
바람 따라 떠돌며
품고 품다 무거워질 때
햇살 뒤로 시위를 당겨
내려앉던 너

목말라 시들해지면
언제나 그랬듯이
때로는 별빛처럼 날리고
어떤 때에는 운무를 피워
베일로 감싼 모습으로 다가서며
무지개 깜짝쇼도 연출했던 너
언제나 자유인 너
나는 언제나
한 조각구름
너를 동경한다

이 혜 수

고려대학교 평생교육원 시창작과정 수료
계간 <스토리문학> 등단
한국스토리문인협회 이사
문학공원 동인
동인지 『달리는 미술관』, 『가슴에 이는 파도』 외 다수
가곡 <내장산 단풍터널>

개화꽃 외 2편

이 혜 수

무궁화 꽃이 피었습니다
무궁화 꽃이 피었습니다
그곳에
개화 꽃이 피었습니다

푸른 기와집 밀실에 피었네
꽃잎에 고개 숙인 잡초들의 비굴한 숨바꼭질
무단 침입해 숨어든 홀씨의 반란인가
그들의 은밀한 밀당의 흔들리고 점령됐네
잠복기간이 길어질수록 벼랑 끝으로 몰리는 무궁화
진을 빨아먹는 개화의 날갯짓이 담장을 넘나들고
잡초들의 분주한 발걸음이 먹잇감을 찾아 나서네
향기에 물들어가는 얼룩진 그림자들이 배를 채우고 또 채우는구나
꽃의 악취가 진동하면 할수록 피어나는 푸른곰팡이
고고한 달빛은 빛을 잃고 자존심마저 사라졌구나
푸른 기와집은 무너져 내리고 그 파장이 어둠으로 모든 것을 덮쳐버렸네

무궁화꽃을 피우기 위해 새벽을 찾기 위해 불을 밝히네
뿌리의 근성은 여전히 죽지 않고 살아서 숨쉬고 쓰러진 가지들도 일제히 몸을 일으키네

무궁화 꽃이 피었습니다
무궁화 꽃이 피었습니다
지칠 줄 모르고 외쳐대는 응원의 함성으로 다시 태어나네
마침내
하나 둘 개화꽃 잔흔의 비참한 최후를 보네

* 개화병 : 대나무는 꽃이 피고 결실하면 말라죽는 성질. 꽃눈의 형성이 인정되면, 대나무를 바로 벌채하는 것이 좋다. 벌채를 안하면 주변일대 대나무는 모두 죽는

어머니의 오월은

빛바랜 구두 한 켤레가 토방 깊숙이 싸리문을 주시한 채 잠들어 있다
낡은 창문 사이로 바람이 들락거리며 봄 햇살을 쑤셔 넣는다
정지된 영혼의 메아리인가
봄 찾아 나간 아이는 돌아오지 않고
하얗게 쇠어버린 그리움은 넋을 놓은 체 타들어간다
그렇게 좋아했던 냉이 된장국 날마다 뜨겁게 데우고 또 식어가는데
밤새 밝혔던 등불도 켜질 줄 모르고
주인 없이 앉아있는 빈 책상엔
잔설만이 내려앉아 있다
잃어버린 그날 이후
돌아오지 않은 어머니의 봄
장미도 담장 넘어 찾아와 흐드러지게 놀다 가는데
몰아치는 태풍에 새로운 봄을 찾는다고
휩쓸려 떠난 뒤 어디서 헤맬까
그립고 보고 싶다 내 아들아
너의 짧은 청춘의 봄은 강렬했다
그 뜨거웠던 피가 오월 들판의
꽃으로 피어나 이토록 아름답구나

시리도록 아픈 가슴에 봄비가 내린다

은행나무집 아이

내가 태어나기 전부터 우리 집 수장처럼 너는 늘 그렇게 서 있었지
조그만 나는 하늘을 만질 수 있는 가장 유일하고 확실한 길이 있다면
무섭게 자라는 너를 오르는 일이라고 생각했어
햇살을 쏟아내던 가지 사이로 눈부시던 빛이 사라지면
나의 하늘은 가려져 보이지 않았지
늦가을 너는 알고 있었던 걸까
툭툭 떨구던 작은 눈물방울들 올려다볼 수 없어 모른 체 무작정 뛰쳐나갔던 거야
기차가 떠날 때 기적은 슬프게 소리쳤고 아무도 배웅하지 않는 낯선 길을 떠나왔지
너를 다시 만난 건 아마 어른이 되어서였을까
노란 잎이 덮인 대문을 열고 골목 어귀까지 마중 나와 나를 반겼지
지독한 향기조차도 너무 좋아서 소리 없이 손을 내밀 때
기다렸다는 듯 노란 손을 내게 주던 너
돌아와 줘서 그리고 보고 싶었다고
언제나 그 자리에 있어 주어서 고마웠다고
우린 많은 날들을 헤어져 있었건만
마음은 늘 같이 머물러 있었구나
잎이 지면서 열매가 익는 것처럼

나도 그렇게 깊은 사랑을 하고 돌아왔지
천년의 기다림을 믿고 그리워하면서

이제는 그렇게 오랜 이별은 없을 거라고…

Profile

장 예 원

한국스토리문인협회 회원
한국스토리문인협회 카페 운영자
문학공원 동인
동인지 『이슬 더불어 손에 손 잡고』

사랑 나무 외 2편

날마다 가슴속에 자라나는
나무 하나 있습니다

햇볕 한 점 스며들지 않는 음지에도
눈보라 몰아치는 추운 겨울에도 자라나는 나무
그 이름 영원한 희망의 나무이어라

아프고 슬픈 영혼 속에도
차가운 가슴속에도 희망으로 자라나는
한 그루 소금 빛 생명의 나무
그 이름 영원한 행복의 나무이어라

그대 가슴속에도 작은 내 가슴 속에도
희망 행복 믿음의 나무 열매 주렁 매달고 있으니
그 이름 사랑의 나무이어라

얼음 찬 겨울 밤마루에 빛나는 별처럼
그대의 사랑 영원으로 노래하리라

나였으면 참 좋겠다

하얀 이슬이 웃는 아침 하루를 시작하다가
유리창에 은은한 향기로 스미는 얼굴 있어
무심코 전화하면 내 생각 중이었다며
얘기 들어주는 사람이 당신이었으면 좋겠다

엉뚱달뚱한 말도 안 되는 소금기 빠진 유머로
많이 보고 싶다며 당장 달려오라고 하면
하던 일 대문 밖 초록 나뭇잎 가지에 걸어두고
달려오는 사람이 당신이었으면 좋겠다

오늘처럼 는개비 내려 감성이 꿈틀 기는 날
함께 걷고 싶다며 따뜻한 손 내미는 사람이
당분간 거리에 사는 당신이면 좋겠다

날마다 궁금해서 문자를 썼다 지웠다 수차례
오늘 컨디션은 좀 어때요? 안부를 묻는 나처럼
당신이 궁금해 하는 사람이 나였으면 참 좋겠다

남포역 거리

남포역 내려 자갈치시장 가는
지하통로 입구 노점상 한 분
고무장갑 뭉치 마루로 치켜들고
잡음 섞인 소리 외쳐댄다

따가운 햇볕 고스란히 받으며
고무장갑 널따랗게 펼쳐 놓고
삐진 몸과 반쯤 새는 말씨로 뱉는
절규에 가까운 소리 남포동을 울린다

비록
몸은 비틀리고 말 새어도
햇볕 검게 그을린 얼굴 보름달 마냥 환하다
열심히 살고자 하는 삶 의지가 화로 같다

나는 과연
사지 멀쩡하고 발음 정확한 입을 가지고
삶을 향해
저토록 애절하고 간절하게
절규에 가까운 소리내어본 적 있었던가

낯 뜨겁다
감사는커녕 불평불만 앞세워
포기를 머리에 이고 산 날들이
파문처럼 지나간다

지금도
남포역 내려 자갈치시장 가는
지하 통로 입구 옆
열심히 고무장갑 팔던
장애인 노점상 눈에 어른거린다

그에 반해
나는 얼마나 좋은 조건과
환경을 갖추고 있는가
나는 나를 거울에 비춰본다
겉은 정상인 속은 장애인

Profile

김 태 호

함경남도 홍원 출생
고려대학교 평생교육원 시창작과정 수료,
한국문인협회 평생교육원 시창작과 수료
계간 <스토리문학> 등단
한국스토리문인협회 자문위원, 문학공원 동인
시집 『그림자 지문』 동인지 『꿈을 낭송하다』 외 다수
가곡 <찔레꽃 사랑>, <이산의 노래>, <약수터에서>

알 바 아니다 외 2편

김 태 호

어느 구름장에서 소나기 퍼붓는지
눈서리 바서지는지 알 바 아니다

철썩 치는 철제탁상 맞서서 탁상공론 끝끝내
담배연기 자욱이 연막치고
아플 건지 아픈 건지 알지 못한 가슴앓이
캘 수 없는 속앓이 알박이 말뚝 박고 나 모른다
뒷짐 지고 내 알 바 아니라지

알 바 없는 알바기 알들이 꽃으로 부화되어
폭죽처럼 터졌으면 좋겠다만 내 알 바는 아니다

서울역 11번 출입구 전단지 알바 하는 알바 생
알 수 없는 소갈머리 알고 싶어 알바 한다지
남산타워 가리운 조망권 알바기 알 수 없고
납작 엎드린 저층지붕 기지개 못 켜는 속사정

속절없는 갈대머리 씨알머리 마디마디 알 수 없고
비닐장판 뒤판 깔아 놓은 배추 단 은행잎은
몇 잎인지 알 수 없고
채석강 절벽기둥 멍게가시 수량 알 수 없고

연평도 꽃게 철 가득 품은 게거품 알 수 없고
돌아오지 않는 알바 어부 속마음 알 수 없고

이 마을 저 거리 알바 거리만 만드는 편의점
한 치 끝도 못 펴는 졸아든 새대가리
죽정이 줍는 알바 손 내 알 바는 아니라지

옆에 있을 때

그때는 햇잎이 그리울 줄 몰랐다
언제나 꽃송이 같이 웃을 줄만 알았다
바람결 물결치는 잔주름 파문을 넘어
빛의 파장이 번질 때 눈부셨다
그렇게 우리는 말없이 손잡고
서로의 체온을 감지했지

그때는 해님이 그리울 줄 몰랐다
임진강 물비늘이 갈매기 깃 타고
저녁놀 깊숙이 물들어 갈 때
우이령 골짜기 단풍잎 밟으며
그렇게 우리는 초승달 손잡고
돌 고개 쉬엄쉬엄 넘었지

천년의 미소

– 반가사유상(半跏思惟像)

어젯밤 꿈속에서 비단길 거닐었다
비단길 따라 동방으로 온 그는
천년의 미소를 머금고 잠잠하다

깊은 시름에 떠받힌 듯 뺨에 댄 두 손가락
지그시 감은 눈은 지상至上의 명상
천길 깊이 알 수 없는 웃음 짓고
입다문 속마음은 아무도 모른다

월일식보관(月日蝕寶冠) 머리 아래 날개 없은 천의(天衣)
허리 감아 흘러내린 치마주름 물결은
로마의 톱클래스 디자이너도 무릎 치고 울고 갔다

무엇을 사유하는가
무엇을 미소짓는가
대답은 없다

천년이 다시 몇 천겁 걸쳐도 그 자태 그대로
침묵할 것이다

Profile

김 석 중

강원도 홍천 출생, 계간 <스토리문학> 등단
경희대 행정대학원 졸업, 행정학석사
고려대학교 평생교육원 시창작과정 수료
서울시 교육청 정년퇴임
한국스토리문인협회 이사, 문학공원 동인
동인지 『달리는 미술관』, 『가슴에 이는 파도』 외 다수

폐지 줍는 노인 외 2편

김 석 중

가을 안개비 내리는 밤 재활용품 수거장 귀퉁이에서
초췌한 노인이 찬 공기를 허리에 맨 채
검고 얼룩진 갈퀴손으로 하루양식을 애써 담는다
멋대로 구겨진 종이상자를 가지런히 잠재우고
찌그러진 알루미늄 캔을 검정 비닐봉지에 채운다

그의 옆으로 오가는 자동차와 오토바이의 경적은
지푸라기 육신을 허공 위로 날릴 듯 위태롭다
병든 아내를 하늘로 떠나보내고
남겨진 자식들은 애비 품 떠나 수삼 년 째 소식 없이 지낸다며
지나가는 바람의 이야기를 듣는다
굵게 패인 주름은 고단한 삶의 침묵을 강요한다
어둠을 따라 그가 타박타박 발걸음을 옮긴다
녹슨 손수레 바퀴도 거친 숨을 헐떡이며 그의 뒤를 따라간다

외롭고 굽은 저 허리가 쉴 골방 한구석에
따스한 햇살 한 줌이라도 머물다 갔는지
차가운 체온이 냉골방을 녹이며 죽음을 기다리며 잠들지는 않는지
진눈깨비 한숨이 나래를 접는다

돌아서는 발길에 건물 꼭대기 십자가 불빛이 처연하다
수고하고 무거운 짐 진 자들아 다 내게로 오라는 음성은
오늘따라 허공 속 안개처럼 공허함으로 맴돌고

겨울단상

긴 겨울의 서막을 알리듯 부연 안개비가 산의 적막을 더한다
차라리 폭폭 쏟아지는 함박눈이 내렸음 싶다

샤갈의 나와 마을은 하루 일을 끝내고 돌아가는 농부와
염소의 젖을 짜며 남편을 기다리는 아내가 그림 밖으로 뛰쳐나와
하얀 눈이 폭폭 내리는 고향의 마을로 돌아가고 싶다

쓸쓸한 겨울 산새 한마리가 나뭇가지 위에 걸터앉아
나무껍질을 쪼며 마른목을 축인다
풀숲 길 위로 죽은 뱀 한 마리는 수많은 가시 뼈를
앙상히 드러낸 채 죽음의 원인을 침묵하고 있다
이따금씩 부는 솔바람이 뱀의 장송을 위하여
허공에 작고 아담한 집을 짓는다
흘러가는 긴 강물 같은 삶이 신발을 벗는다
수직으로 떨어지는 폭포 같은 죽음이 이를 반긴다

불현듯 고향 시골집 오남매가 시골 구들목에 누워
각자의 언 발을 녹이려 조금 더 따뜻한 곳을
서로 찾던 발가락들의 합창소리를 떠올려 본다

나의 의지와는 사뭇 다르게 나는 자꾸만 작아져 가는데
아직 너를 받아들일 마음의 준비도 안 되었는데
너는 또 다시 겨울의 긴 터널을 설치하고 무작정 내게로 온다
오늘 이렇게 사색의 비를 우산도 없이 맞으며 걷는다

긴 겨울의 서막을 알리듯 안개비가 내린다

오늘 밤도 어제의 바람이 분다

바람이 바람을 눕혀 두 눈을 타고 한방울 두방울 흘러내리는 눈물을 본다

바닷가 모래사장 위의 소나무 뿌리들은

서로를 갈구하느라 온 몸이 뜨겁다

실바람에 돛을 달고 된바람에 닻을 내렸다

내 볼에 와 닿았던 무진 늦바람의 뜨거운 입술 내 귀에 속삭이던 청명 소슬바람의 감미로운 숨결들

아직도 나는 천사와 악마의 푯대 주위를 맴도는 왜 바람으로 휘청인다

지금까지 아무도 모르는 너와 나만이 안다는 바람의 거짓진실 그 바람을 이제는 멈추어야 한다

서로 등을 진 채 애절한 아쉬움을 뒤로하고 돌아서 처절한 울음을 터뜨리는 그 흙바람을 이제는 멈추어야한다

결국 우리의 어긋난 바람은 서로를 안지 못하고 동맥을 흐르는 바람의 혈관에 칼을 그어 돌개바람으로 죽어 샛바람으로 남으리라

그러나 오늘 밤도 쉬임없이 허공을 흐르는 내 서러운 영혼의 칼바람은 여전히 식을 줄 몰라

내 심장의 한켠을 차지하며 떠날 줄을 모른다 언제부턴가 나는 바람이기를 희망했고 나는 바람이 되었다

그렇게 오늘 밤도 어제의 바람이 부는데

Profile

문 모 근

강원도 홍천 출생
1992년 『시와 시인』 등단
한국문인협회 회원, 울산문인협회 회원
한국스토리문인협회 울산지부장, 계간 『스토리문학』 편집위원
2006년 울산시문화예술공로상 수상 2016 천상병귀천문학상 수상
시집 『사랑, 자유, 삶 그리고 나』, 『가슴에 기대고픈 사람이 어찌 없으랴』, 『새벽비』, 『호계장사람들』 외 다수

당사 포구에서 외 2편

문 모 근

동해안 작은 포구 당사에
푸른 물길이 돌았다.
바다 속 돌고 돌아 다시 만나는
해녀들의 활기찬 물질 따라
아침을 출발하는 뱃머리에서
여명의 따스함을 느끼면
나는 작은 파도가 된다

비늘같이 반짝이는 파도가
수정구슬처럼 구르면
아, 잊지 못하는 얼굴 있어
한 줄 편지를 수평선에 남기고
벽화 따라 오르는 골목길
장미꽃 한 송이 소리 없이 졌다

김씨의 휴대폰

휴대폰이 생겼을 때 호계장 김씨는
가볍게 손쉽게 편리하게
마음을 나눌 수 있을 거라 말했다

휴대폰이 자꾸 발전하고
기능이 추가될 때마다 김씨는
한숨을 쉬었고, 전화기를 뒤졌다

외로운 사람 어디 없나 했고,
술 한 잔 필요한 사람도 누구 없나 했고,
고민을 나눌 사람을 찾아 전화기를 뒤졌다

고개를 숙이고 다니는 젊은 사람들은
맑은 하늘보다, 밝은 보름달보다
앞에 앉아 있는 친구보다
휴대폰 속 문자메시지와
카톡과 게임을 더 중요하게 생각했다

휴대폰이 생활의 모든 것이 되었을 때
김씨 주변 사람들은
자꾸 공허하고 허전하다고 이야기했다

술 타는 저녁

술 한 잔 얼큰하게 치고
늦은 밤 마당에 들면
날선 초승달이 다가와 어깨를 벤다

마음 속 별은 이미 살아나
벼리듯 차갑게 빛나는데

벽을 훑는 눈초리가 날카롭다
발걸음에 차이는 그림자 하나
칼 춤추듯 달빛이 쌓이고
가슴은 무너지고
눅눅하게 젖는 새벽 별

산다는 것이 때론 술에 취한 듯
흔들리는 것이라면
너무 많이 흔들려 넝마가 되었을
너를 생각하다가
말없이 흐르는 눈물에 차마
들지 못하는 얼굴 있어
스치는 바람 끝 잡고 뒹굴어도 보고

꿈이라도 꾸어 보고
술잔 속 맑은 수평선을 보기도 한다

Profile

김 만 순

고려대학교 평생교육원 시창작과정 수료
계간 <스토리문학> 시 부문 등단
한국스토리문인협회 회원
문학공원 동인
동인지 『별 세다 잠든 아이』, 『접시꽃 그리움』 외 다수
가곡 <11월의 나그네>

땅거미 외 2편

김 만 순

어두운 낯빛의 사내가 어슬렁어슬렁
산을 내려온다
하루치 태양이 서산에 걸리면
숲은 고요히 고요히 길을 연다

땅따먹기 삔치기 고무줄놀이
사내는 아이들을 집으로 집으로 보냈다

하꼿길 신작로에 사내가 나타났다
냇물 건너 산에는 부엉이가 울고
키 큰 수숫대 그림자를 사내가 삼켰다
할머니는 부엉이 뒤에는 호랑이가 따라
다닌다고 하셨지
먼지가 나도록 뛰었다 허리춤에 빈 도시락이
달그락달그락 같이 달렸다

어린 동생이 엄마를 찾았다
용케도 사내의 얼굴을 기억했던 것
으스스 대숲에서 사내가 나올 때면 들에 나간
엄마는 바쁜 걸음으로 젖을 갖고 오셨다

엄마만 있으면 사내쯤 무섭지 않았지
나는 사내가 어둠 속으로 사라지는 것을 보았다

봄소식

얼었던 대지가 녹으며
안개를 피워냅니다
문밖에 뽀얗게 밀려오는 안개
햇살 퍼지고 나면
맑은 봄볕으로 환하겠지요

봄이네요
지난겨울 너무도 추워서
영원히 안올 것 같던 봄이…

안개 속에 숨어서도
계절은 어김없이 오고가고
살아있는 우리도 오고가고

어려워도 힘내서 웃어야 겠지요
저 안개 걷히듯
밝은 날 오겠지요
오늘도 함께 좋은날 되십시다

나무

창밖에 가을이 깊어간다
햇살은 화려한 유혹으로
나뭇잎에 안기고
단풍은
철없는 아이처럼
지나는 바람에도 우수수
열렬한 인사를 한다
떠나고
보내면서
비우고 채우는 고요한 나무
맑은 영혼 하나
안으로
안으로
여물어간다

Profile

이 원 용

계간 <한맥문학> 등단, <월더니스> 문학 고문, 한국스토리문인협회 자문위원, 문학공원 동인

한국문학신문 문학상 최우수상, 스토리문학상, 백교문학상, 독도문예대전, 한국예술인 총연합회장상 등 10회 수상

시집 『날지 않는 나비』, 『달빛문신』, 『섬과 산의 소묘』

E-Mail : lwy0173@hanmail.net

0시의 지침서 외 2편

이 원 용

온종일 태양이 건네준 그림자를 안고 서있더니
햇살이 숨을 고르는 저녁나절이 되어 어김없이
눈을 부릅뜨고 바닷길을 바라보는 강직한 심성의 소유자
밤바다는 필름 끊어진 검은 스크린
달빛을 썰어내는 파도와 별들을 품에 안고
어둠을 처다 보면 달빛들은 방파제 앞에서나 섬언덕에서
부서졌다가 또다시 등대불에 익는다

밤의 창문을 두드리는 불빛은 수평선의 침묵을 깨워주니
당신은 부르지 않아도 강한 눈빛으로 말하는
슬기로운 판단의 소유자
연안 수역의 지표이자 지혜의 안내자이기에
우리는 누군가에게 등대가 되어야 하기에
낯선 이방인의 마음을 비추어야 하기에
해맑은 수정체의 숭고한 몸짓이기에
뱃길의 걸음걸이를 안내하는 변경의 원색 신호등
밤바다를 위하여 시간을 잠식하는 위대한 모국어

하늘과 맞닿은 바다 끝에서 새벽빛 와 닿으면
슬그머니 눈을 감는 키다리 파수꾼

파도의 언어

바람의 노예로 살아온 한평생이
그리 멀지 않은 것 같은데
천년을 두고 섬에 오르려 해도
섬 언덕은 모른 체 바라보며 허락하지 않네

파도는 부서지는 몸부림으로 울면서 애원하지만
하늘조차 물끄러미 쳐다보며 말없이 동행할 뿐
서로에게 주어진 만남에 대하여
외면할 뿐이네

물결들은 모여서 혹은 줄서서 몰려가면서
고깃배와 어부의 눈초리를 건드리고 더러는
육지로 간 아들의 소식을 기다리는 어머니의 가슴을
건드리다가 스러진다

날이 저물면 파도들은 쓸쓸하게 밤바다를 헤매다가
별들의 눈치를 보며 심장 속에 숨어있는 생명들과
달빛을 부둥켜안고 아침이 오기를 기다리며
서성거린다

2시간의 경제학

시계는 소멸의 법칙을 실천하기 위하여 시간을 잘라 먹으며 간다
태양을 따라 얼굴을 돌리는 해바라기처럼 생명의 사직서를 쓰기 위하여 달려가는 것이다
세월의 지우개는 기다림의 형식이다
자연 앞에서 더욱 겸손해야 한다는 인내를 가르치기 때문일까
인간을 가르치는 것은 시간의 흐름이기에 어제는 오늘의 스승이며
오늘은 내일의 스승이며 판단이라는 저울로 결과를 추에게 맡기는가
살아간다는 것은 멜로디 없는 음반
가난과 전쟁의 분화구에서 솟아오르는 무소유의 연기
그늘과 양지를 더듬어 당신과 나를 만나게 해준 세월은 돌아누운 낭만주의자의
눈물 같은 지배관념 속에서 치매에 걸린 순애보였기에
가치관마저 해체되어야 했던가
세상에서 가장 힘센 허식의 침략자 그대
시간과 허무에 반항 할 수 없는 이유를 변명할 수 없구나
세월의 잔액은 바닥나지 않지만 망각의 이자를 주는 이상한 거래처이다가
시간의 유연성에 홀린 나는 그것에 대한 한계선에서 기다려야 하는가

삶이란 바람없는 호수를 덮은 아침 안개
늙은 소나무의 침묵
일기장 속에 녹아 흐르는 보이지 않는 회의와 변명으로 일관하는
황망스런 지혜의 노숙자

정 이 산

호(號)는 다원(茶園), 충남 부여군 남면 마정리 출생
월간 <스토리문학> 2004년 8월호 시부문 등단
한양대학교 법학과(서울캠퍼스) 졸업(1980년)
고려사이버대학교 실용외국어학과(한국어전공) 졸업(2015년)
한국스토리문인협회 회원, 문학공원 동인, 시마을 동인
정이산 문학카페 홈페이지 주소 : http://cafe.naver.com/isan

'테스(Tess)'의 연가(戀歌)

짧은 만남
긴긴 이별이여!
이제는 어디서
그대를 만나
다시 사랑하리오

여름 소낙비
내 가슴에 맺힌
깊은 상처를
씻어주지 못하여
못 잊어 그대를

잊지 마오
내 사랑 그대여!
저 산에 해가 지니
뜰 앞 수풀 속에
귀뚜라미 우는데

어스름 내리면
그대 창문을 열어보오
저 멀리 검은 하늘에
내 그리움의 별들이
총총히 박혀 빛나리

두물머리

설악산에서 내려온
북한강 물과
태백산에서 내려온
남한강 물이
서로 껴안고 만나
하나가 되는 곳

두물머리 양수리에는
하얀 날개 달린
푸른 물결이 출렁이고
그대와 함께 거닐며
사랑을 나누던 곳엔
가을이 내려와 있다

길가의 노란 은행잎
붉고 고운 색동옷 갈아입고
눈부신 자태의 단풍나무
먼 길 찾아오느라
수고한 나를 반기듯
저만치에서 손짓한다

떠나가는 가을이 아쉬워
두물머리 호숫가에
외기러기 창공을 가르니
사랑하는 그대여
둘이서 무엇이 되어
다시 만나랴!

벚꽃 엔딩

뚜아 에 므와6)
벚꽃 그늘 아래로
손에 손 잡고 거닐어 보자!
꽃비 내리는 돌담길을
우리의 사랑 싣고
꽃향기 맡으며 간다

뚜아 에 므와
벚꽃 터널 속으로
손에 손 잡고 거닐어보자
꽃비 내리는 호숫가를
새봄의 기쁨 안고
벚꽃잎 스치며 간다

뚜아 에 므와
벚꽃 엔딩 속으로
손에 손잡고 거닐어보자
꽃비 내리는 언덕길을
사월의 봄은 간다
꽃잎을 맞으며 간다

---

6) toi et moi (뚜와 에 모와)[불어] : 그대(너)와 나

장 우 태

아호: 운암(雲岩), 현재 대구 달성군 거주 , <한국문학 작가회> 시 부문 등단, 계간 <문학세계> 수필 부문 등단 , 대구교대 문예대학(46기) 수료
21세기생활문인협회 회원, 한국문학작가회 회원, 한국문인협회 구미문협 회원. 한국문인협회 대구문협 회원, 한국스토리 문인협회 회원
시집 『섭리 그 속에서』 외 동인지 다수
이메일 : cncjang123@naver.com

걸레 외 2편

장 우 태

훔쳐서 윗목에 며칠을
말라 굶주린 채
잠을 자다 깨곤 바라보곤

오늘은 할머니가 내일은 내가
모레는 동생 다음은 어머니
이제는 고양이 강아지까지

더러워 민망한 구석이 있어
덕장에 매달려 바람 춤을 추며
명태마냥 얼었다 녹았다 한다

간혹 두 살배기 젖먹이도
때론 로봇마저 훔치지만
누가 또 무엇인가를 훔친다

답답하다[鬱]

개울건너 산자락 기슭에
마을 앞 시내로 흐르는 강물은
배를 띄울 수도
뒤집을 수도 있으매

자연의 향기와 우주기운을 모아
밀은 마을을 만들고
쌀은 길을 터여 주며
한술의 입맛이 그리워

산을 뚫고 들을 훑고
내 달려 보지만
우리는 행복한 것일까
되묻고 되묻는다

아,
풍진세상이라
답답함에 어찌할 수 없는
험난한 인생살이에 어지러운 마음

저잣거리에 술을 마시다
슬피 우는 새의 날갯짓을 보았네
꽃 피고 봄이 오면
내 곁에 온다 던 서울의 봄

내일이면 꿈도 사라질게야
동거동락했던 그 꿈도 없어질 게야
오늘도 같은 자리에서
불러본들 대답 없는 그네

세상만사 꿈에 외로운 나그네
때로는 자궁이 답답해 우울하겠지만
빽빽하고 울창한 숲이 아리어
아리겠지 아마 그럴게야

석유풍로

그대는 언제
석유의 향수에
젖어본 적이 있나요

오랜만에
시구 지름 향기가
구미를 당기게 하는 것은 뭣일까요

수십 킬로미터 떨어진
머나먼 유학생활
공돌이 공순이 시절

방 한구석 냉골 바닥에
피어오르는 그을음
눈물나는 콧지름

오
이 냄새야
이 맛이야
그 향수에 젖을 수 있을까요

이제는 그것도
한 생의 일부분으로서
추억의 일환으로 묻어둘 뿐

그대는 언제
눈물 나는 석유의 향수에
젖어본 적이 있나요

양 상 군

계간 <뿌리> 등단, 옥조근정 훈장 수령, 동남보건대학교 외래강사 연임 1982-1993
면역 혈청 검사 학회장 역임, 뿌리 문우회 회장 역임, 한국시조사랑 시인협회 감사 역임, 여강 시가회 이사 역임 , 한국문인협회 회원, 한국스토리문인협회 회원, 문학공원 동인
동인지 『꿈꾸는 도요』 외 다수

간이역 외 2편

양 상 군

강줄기 휘돌아 스치는 산자락에
두 줄기 선로가 하나 되어
반월 굴로 빨려든다

봄빛이 사르르 춘곤증 유혹에
간이역이 꾸벅꾸벅 졸고 있다

선로 옆 개천가 버들개지 망울지고
잔설 녹아 흐르는 물방구 소리에
놀란 피라미 눈방울만 굴린다
피어나는 국화 향에
기관차 쉬어가자 헛기침 화답하고
가을걷이 끝낸 들녘
허수아비 상투에 해오라기 한 마리
누구를 기다리나
바람살에 눈꽃송이 대합실 쓸고 간다

희미한 불빛 아래 헤매 도는 길손에게
출발 신호 수증기가 같이 가자 손짓 한다

그 옛날 설레임 기적 소리에 실어
잊지 못할 무명씨에 아프게 띄운다.

내일이 내년일세

꿈 심을 자리 잡아 씨 뿌리는 날
설레임에 뒤척이다 밤잠을 설친다
걸어온 자국 더듬어 본다
웃어보다가 후회하다가 분통을 터트리다가
뒹구는 어리석음

처진 입꼬리가 피었다 시들고
늘어진 이맛살이
바짝 마른 장작개비처럼 주름살 길을 낸다

세세연년 오늘이면
새롭게 기둥도 박아 보고
색칠도 해 보지만
보잘 것 없는 졸작에
터져 나오는 한숨소리 되풀이하는
이 밤
또다시 다짐한다

되새김 하는 것은
그릴 여백이 있다는 은근한 안도감

내일이면 내년이제

늦게 핀 금잠초(金簪草)[7]

빈손으로 저문 날 홀씨로 날아와
뿌리 내릴 곳 두드려도 대답 없는 메아리
빈터는 졸고 있다
벽돌담 무너진 틈새
두 다리 쭉 뻗고 앉아
철 지난 꽃대 하나 밀어 올려
노란 향기 품어낸다

정오 지나 무료한 시간
목줄 풀린 강아지 질금질금 물대포 쏘아댄다
타는 갈증 목 추기니
바닥 살림 뿌듯하다
소신을 품에 앉고 살아가는 길
밟히고 밟혀도 내색없이 걸어간다
얼마 남지 않은 오늘
관모(冠毛)[8]타고 날아가는 너의 혼
어디선가 또다시 뿌리 내리겠지

---

7) 금잠초 : 민들레
8) 관모(冠毛) : 자방 꼭지에 붙은 솜털

4부

그리하여 초록

Profile

김 정 태

<한국문예춘추> 시 부문 등단, <문학의 봄> 수필 등단
연세대학교 법대, (주)경방상무 역임, 경방육영회 상임이사, 한국문예춘추문인협회 회원, 한국스토리문학 문인협회 이사, 문학의 봄 작가회 회원, 여울문학 회원, 시인부락 동인, 자작나무수필 동인, 문학공원 동인, 동아꿈나무재단 이사
시집 『천사라 불러준다』, 수필집 『희망의 사다리』
jtkim79@hanmail.net

큰손 아줌마 외 2편

김 정 태

썬 그라스에 명품 두르고
거리를 활보하는 큰손 아줌마
더러는 은밀한 정보를 위해 대포폰도 몇 대씩
아줌마들에게는 쓸데없을 태블릿PC도 있단다

정보가 있는 곳마다 빠지지 않는 큰손 아줌마
화려하고 번화한 곳이라면 바람처럼 나타난다
간편복으로 쉽고 편하게 살아도 될 세상을
큰손 아줌마는 굳이 명품으로 격식을 갖춘다
프로포폴 태반주사 백옥주사
일반에게는 낯선 이름들을 보석처럼 갈고 닦는다
치장과 얼굴에 목숨을 거는 것은
골다공증처럼 자꾸만 찌그러드는 영혼의 외로움
견딜 수 없는 공허함을 채우기 위한 몸부림이다

큰손 아줌마 가는 곳은 갑질로 서슬이 퍼렇고
몸짓의 회오리바람은 때때로 쓰나미를 불러온다
부동산 광장을 기웃거리는가 싶으면
어느 사이 백화점, 학교, 관공서가 시끌시끌하다
여긴가 하면 저기서 갑질
큰손 아줌마의 하루는 25시간이다

열정(熱情)

핏속에 녹아 흐르며 새날을 감사로 받아들이는 그것은
어두운길이나 험한 계곡이 두렵지 않고
궂은일이나 힘든 일을 만나도 움츠리지 않는다
모두가 주저하는 길을 망설임 없이 달리며
봄여름 가을 겨울 메마른 땅에서도 꽃을 피운다
그것을 지닌 자가 가는 곳은 온기가 넘쳐 밝고 훈훈하다
사랑과 애정으로 늘 영혼을 새롭게 해준다

사람을 모으고 기를 충만케 하는 그것은
보잘 것 없이 초라해 보이는 일을 고귀하게 만들고
엉성한 것도 짜임새 있고 아름답게 만든다
두물머리 세물머리를 만들어 화합하고
굽이치는 용트림으로 도도히 흐르는 강이 된다
그것을 가진 사람은
꿈 너머 꿈을 향해 쉬지 않고 달리며
보이지 않고 잡히지 않는 것에도 혼을 불어넣는다
바람이 휩쓸고 지나간 자리에 길이 생기고 자취가 남는다

그것이 열망하는 것은
찬란히 꽃피어 그리움이 된다

영월의 밤

영동에 30센티 폭설이 내린다는 일기예보다
열정의 시창작반 지도교수가 환호를 하며
용서하라 사랑하라는 하늘은혜 내리는 곳을 향해
겨울철 문학기행을 떠나자한다
문옥은 새벽바람에 창원에서 KTX 타고 올라오고
세관에서 야근한 근숙이 피곤을 털고 달려왔다
연둣빛 꿈속에 구비 구비 시가 넘치는 영동고속도로
사랑과 꿈으로 채워진 멋들어진 버스는
폭설 내린다는 영월을 향해 거침없이 질주한다

눈 덮인 영월은 아름다운 별천지
하나님 주신 이 강산이 저다지 아름답구나
주천강 맑은 물이 동강에서 꽃으로 피고 있는데
정겨운 영월의 밤이 사랑과 낭만으로 무르익어간다
한여름 폭염에 찌든 세월은 일그러져 피눈물 나는데
하늘은 너무 슬퍼하지 말라고
앙상한 가지마다에 차분히 눈꽃을 만들어주고 있다

Profile

윤 미 라
게간 <스토리문학> 등단
한국스토리문인협회 회원
문학공원 동인
풀잎문학회 사무국장
안산문인협회 회원

버스를 놓치다 외 2편

윤 미 라

자궁벽이 붓는 병입니다
병이라기보다는 오래되어서 약해진 거죠
뜻밖의 진단에 헛웃음 한 모금을 허공에 뿜었다
여름으로 치닫는 오후
문득 올려다본 하늘은 멍한 생각으로 덧칠한 듯 뿌옇다
어디 얘기할 데가 없다

나도 이제 늙어가나 봐
그동안 그럭저럭 잘 살았지 뭐
괜찮겠지

황망한 4차선 도로 옆 정류장
집으로 가는 버스가 도착하는데 하필 전화벨이 울린다
순간 무얼 먼저 해야 할지 몰라 머뭇거리다
마구 뛰었지만 메케한 비웃음만 뱉고 내빼는 네모난 궁둥이

내가 버스를 타려고 막 뛰어가는데
갑자기 골반이 뻣뻣하고 둔해서 잘 안 뛰어지는 거야
그래서 버스를 놓쳤어
끊긴 전화기에 욱하는 성미를 울먹이며 하소연한다

갈대밭에 만난 아버지

안산천 갈대밭을 걷다가
아버지의 발소리가 들린다
조금 더 다가가니
아버지 마중 가는 어린 발소리 들린다
내 두 걸음이 아버지의 한걸음을 따라잡을 무렵
동네 개천에 새로 지은 다리께로
아버지를 마중하러 갔다.

잠바 속에 꾹꾹 눌러 담은 된장찌개 냄새가
도망가기 전에 아버지한테 전해 줘야지
작은 걸음 바쁘다
푸른 달빛에 샤워를 끝낸 갈대들 키를 뽐낸다.
성급한 갈대 그림자가 저만치 앞서간다
뒤따라오던 개구리 울음소리가 추월한다
자꾸 발을 거는 아버지 발등만한 돌덩이들이 얄궂다.
저 앞 갈대 밭 너머에서 아버지 발소리가 들린다
갈대보다 키가 큰 아버지 그림자가 어린다

우리 아버지를 만나기만 하면
아버지 목말타고 갈대보다 더 키가 커질 거야
자꾸만 발을 걸던 못된 돌덩이들 혼내주면서
구수한 된장찌개 냄새가 그득한 집으로
개구리 울음소리보다 더 빨리 갈 거야
딸아이의 작은 발걸음이 바쁘다

미래를 추억하다

볼타바 강 위 까를교 다리를 걷는다
당신이 날 바라볼 때마다 피콕블루 빛 미소가 출렁인다
드보르작의 슬픈 사랑이
뜨르들르의 속을 채운 크림 위에 살살 뿌려진다
프라하 성 꼭대기까지
오래 된 블록을 한 발에 꼭 하나씩만 밟으며 올라간다
더 높은 페트르진 전망대에서 되돌아서 내려간다
당신과 바라보던 하늘을 쓰다듬는다
조금 더 쓴 커피로 추억을 덧칠한다
눈의 여왕의 전설을 간직한 천국의 문 앞에서 당신을 기다린다
내게 안겨줄 꽃을 찾아 헤매다가 자작나무 숲에서 길을 잃는다
당신과 함께 할 프라하를 꿈꾼다
아직은 오지 않은 행복에 설렌다
어차피 걸리게 될 감기에 나는 백만 번 더 감사한다
에드먼드 협곡을 지나면 무지개 뒤로 너울대는 당신의 얼굴
우리는 3년이 젊어진다는 바위에서 떨어지는 물을 마신다
젊음보다 더 간절한 우리의 시간을 보낸다

Profile

서 영 석 (徐榮錫)

아호는 녹정(鹿井), 세례명은 요셉, 계간 <문학광장> 시 부문 등단
베체트환우협회 · 한국문인협회 · 포천문인협회 · 나루문예 상임 · 한국스토리문인협회 · 포천문화원 · 포천예술인동우회 · 문학광장 · 청로동인회 회원, 시와창작 · 포엠스퀘어 동인, 경기도문학상 공로상 수상, 이해조문학상 시 부문 장려상, 경기도의회 의장상 문학 공로상, 나루문예상 제2회시화전 최고인기상 수상, 문학광장 이달의 시인 선정, 한국·프랑스 수교 130주년 기념 시화부문 초대작가
시집 『시간의 향기』 외 다수 동인지 <시와창작 사람들> 외 다수
E-Mail : mijinelc@naver.com

가불 외 2편

서 영 석

추억은 날마다 길어지고
소망은 날마다 짧아지니

오늘이 가기 전에
내일을 살고파라

기억의 조각

과거 속에 남겨진 흔적들이
지워버린 문신처럼 남아
이 빠진 톱날같이 듬성듬성
가슴을 찌르는 비수처럼
주름진 DNA를 유성처럼 유영하고

간이역에 잠시 정차한 시간이
눈을 감은 망막 사이에서
반딧불이처럼 반짝이며 춤출 때
소중한 것을 버리고 상념만 남아
검은 밤을 하얗게 새운다

남기고 싶은 것과 남고 싶은 것이
밤새도록 전쟁을 하여, 남은 것은
얼룩말의 온몸을 휘감은 검은
나이테같이 조각난 상처와 그리움과
수평선 아래에 묻어버린 세월

내 안에서 숨 쉬는 기억들이
내 시간과 일치하고 있는지
알 수가 없다

늪

우리는 누군가를 이용하고
무엇인가를 잠시 빌려 쓰며
시간의 점 위를 걷는다

나는 너에게 무엇이 되고
너는 나에게 무엇이 되어

잠시 머무는 세상에서

증오하면서 사랑하고
미워하면서 용서하고
만나고 헤어지면서
절망을 넘어 신기루 속에

지울 수 없는 피를 흘리고
희망을 바라보며 또 하루를
넘긴다

언젠가는 너를 딛고 서리라

김 방 주

고려대학교 평생교육원 시창작과정 수료
계간 <스토리문학> 시 부문 등단
한국스토리문인협회 부회장
자작나무수필 동인, 문학공원 동인
동인지 『겨울을 위한 소설』, 『힘들지만 사랑의 힘으로 배긴다』 다수

붉은 열매를 기다리며 외 2편

김 방 주

차츰 붉은 색으로 변해가는 네 모습에서
성숙한 생의 화색이 도는 것 같아 보기 좋고
아직 푸른 기미가 남아있다 하더라도
해야 할 일이 있다는 희망의 반색으로 알아듣겠다.

맨 꼭대기에서 가장 먼저 홍조 띤 너는
옷깃을 여미고도 당당한
세상을 관용하듯 자신에게도 너그러워지고 싶은
그래서 완성을 서둘러 적막에 들고 싶은 것이다

빨간 네 모습 빨리 보고 싶은 마음을 얹어
그저 지금처럼 천천히 붉게 물드는 모습을
은근히 즐기며 기다리고 싶은 것인지
어느 쪽이든, 화살처럼 내게 쏘아보렴

은행나무 잎사귀

시나브로 지나가는 세월 뒤에서
오늘 비 내리고 바람은 차다
이마의 뚜렷해지는 주름 사이로
은행잎 한 장 빗금 그으며 내린다
이어 기억 한 줄기 별똥별로 발아래 구른다
단발머리 여고생의 책갈피에 끼워두었던 너
많은 눈물을 삼켜서 더 아름다웠던 너
기억에서 빠져나와 헤매는 나를 멈추게 한
똑 떨어져 또르르 구르는 은행 한 알
조금 더 상처받는 것을 허락하며
내가 네 옆에 더 있다가 갈까
네가 내 옆에 더 머무를 수는 없을까
우리는 서로 확실한 대답을 하지 못한다
엇갈린 시간의 배열을 손톱만큼만 원망하며
아주 조금씩만 초라해지리라
종심(從心)의 남루를 누군들 반길까만
모두들 외면한다 해도
나는 꿈을 외면하고 싶지 않으니
아직은 내 사랑 끝나지 않았네.
비 그치고 마지막 남은 몇 장의 은행잎이
비뚤비뚤 길 위를 쏘다니거나 말거나

애비야, 배고프다 밥 먹자

어제 밤엔 보이지 않는 나를 찾아 헤매며
잠을 제대로 이루지 못했구나

애비야!
이제는 내가 무엇하고 있으려나
입맛 돋우는 음식이 뭐가 있을까
이걸 드시면 소화는 잘 되시려나
내 걱정은 하지 말거래이

애비야!
네 나이 열다섯 살, 그리고 서른 살에도
내가 너에게 했던 당부 그대로 새겨 들거라
제때 시간 맞추어 밥 먹고 잠자리에 들거래이
소신껏 열심히 일하고 가족들 보듬거라

애비야!
에미 생일날 립스틱이라도 하나 사주고
아이들 생일날은 꼭 챙겨 밥이라도 같이 먹거라
자주 에미 손 잡아주고 아이들 등 두드려줘라
오순도순 마음 건네며 살아라

애비야!
새겨듣거래이 알았재?
어디서 무얼 하든지 네 옆에서
지켜보고 있다는 걸 잊지 말길 바라며
에비야, 배고프다 밥 먹자

Profile

문 옥

본명은 최문옥, 계간<스토리문학> 시부문 등단
고려대학교 평생교육원 시창작과정 수료
한국스토리문인협회 이사, 문학공원 동인
한국상담학회 전문상담사, 화윤차례문화원 차사
동인지 『달리는 미술관』, 『가슴에 이는 파도』 외 다수
가곡 <지심도>, <주남저수지>

평등사회 외 2편

오늘도 여느 때처럼
잔디 주변의 제비꽃 쇠뜨기 토끼풀들을
보이는 대로 뽑다 들어왔다
같은 풀인데 잔디는 가만두고
제비꽃은 가만 안 두는지
다른 풀들은 왜 가만 안 두는지
나에게 물어본다

풀의 복지가 잘된 유럽의 S나라에서는
어떤 풀이든지 자라면 깎아주기만 한다는데
마당의 풀들은 나를 만나 불평등을 겪는다

광화문 뉴스를 접한 풀들이 촛불집회한다고 나설지도 몰라
두려움이 스윽, 오싹해진다

걱정인형

굽은 산허리 길을 돌아 딸애랑 요양병원 가는 길이다
걱정을 받아먹는 인형이 손안에서 딸랑거린다
크로아티아를 여행하다가 할머니 드리려고 샀다며
그녀 얼굴에 다알리아꽃이 핀다
내게도 저런 인형 하나쯤 있으면 좋겠다

어머니를 모시고 인근 식당으로 간다
엉덩이를 채 붙이기도 전에
아가 애비는 아프지 않니,
에미야 우기는 아직도 담배피우니,
우리 집 담벼락은 별일 없는 거냐,
순대국 가마솥 뜨근한 국물처럼
걱정꺼리가 튄다
어머니, 아무 일 없으니 걱정할 일이 없어요.
그리 안 된다 절로 걱정된다
한 김 빠진 웃음들로 히히낙락거린다

선물에는 관심이 없는 어머니다
도로 들고 작별을 하는데 별이 반짝인다
알아서 척척 걱정을 먹는 우리 어머니
그래서 나는 아무 걱정이 없었나 보다

병상일기

신나게 뒹굴었던 아랫목 이부자리처럼
하얀 옥양목 침상을 펴놓고
누군가를 기다린다
옛 집 그 방에는 풀먹인 호청이 반질거리고
고요를 부수던 다듬이 소리가 모로 누워 있었지

시무룩한 표정의 사내가 들어와 쓰러진다
투명 호스로 내리는 수액에 간절한 눈빛이 머문다
갑자기 멈추기라도 하면
수심이 배인 손가락으로 꾹꾹 눌러본다
그는 아침이면 몸단장을 하고
회의를 주관하러 침대로 간다
결재서류에 서명을 하는지
건강상태를 수첩에 기록한다
바이어와 예의를 갖춘 식사를 위해
침상 식탁을 편다
뻐꾸기가 정오를 넘겼다고 고개를 빼고 노래한다

바지 길이 소매길이 깡총깡총 뛰어 다닌다
머리카락 사이로 새 도로가 났다

영춘화 봉우리 맺히던 마음뜨락에
떨어진 꽃잎들로 가득하고
그의 얼굴은 노랗다

어둠이 내리면 잠자리에 든다
그는 밤새 잠들지않는 복도를 잠시 걱정한다
지금까지 질주했던 길들과
길가에 핀 꽃들을 생각한다
다시금 뚜벅뚜벅 걸어나가면
날마다 만나는 들꽃과 마른 이파리에게도 친절하리라
등줄기에 흐른 땀을 뿌듯하게 씻을 희망을 베고 잠에 빠진다

스르르 문을 밀면
햇살따라 들어온 바람이
창가에 앉았다 의자에 앉았다 놀이를 한다
어두워지는 도시를 오래 바라본다
길은 비어가고 가로등이 달빛을 낚아채 등뒤로 감춘다
나는 깜빡 졸기도 한다

Profile

박 선 해

계간 <현대시선문학사>와 <시와 시조> 등단
현대시선수레바퀴 동인, 현대시선 회원, 김해문인협회 회원
한국스토리문인협회 회원, 문학공원 동인
감성테마여행 동인, 가을편지동인, 토방구리문학 활동 중
현대시선문학사 창작동네문학상대상 수상
영상시문학상대상 수상
동인지 『꿈꾸는 도요』, 『긴 시간의 데생』 외 다수

뜰 안에서 외 2편

박 선 해

깨어나는 그 길을 꿈결 걷듯이 걸어 봅니다

길 잃은 바람이련가
가슴에 들앉는 샘같이 맑은
잔잔한 줄기 우리 마음에 동산을 안겨줍니다

번번한 일상과 애통한 근심들은
양상을 띠며 새벽향기에 스며듭니다
한줌 인생길이 가슴에 얹은 손바닥만큼인가
안개 속에 한 발 앞을 보니 이러니저러니
풍진 삶들도 덩그렇습니다

이런 날엔 휘파람 불며 내일 뜰 햇살을
어진 맘으로 기다려 봅니다

허물어지는 안개는 흔적 없는 춤사위를 펼칩니다
이별의 밤을 감싸 안는가
가뭇가뭇 예전의 허망들은 구름되어
둥둥 떠돌아 어떤 순리의 방향이 되어
쾌청한 아침을 낳았나봅니다

새순처럼 피어나는 그 파릇한 풀밭 길은
쑥쑥 자라나고 태양이 하늘의 은혜로
그리운 옛 노래를 부르겠죠
어느 순간 익숙한 그림자되어 펼쳐지리라

이런 날엔 가슴속 뜰 안을 아까이 간직하며
내일을 기다립니다

빈 벤치

한적한 그곳
누군가 앉았던 빈자리
어디선가 숲에서 반사된 빛
그 벤치에 잠시 앉았다

차가운 휴식을 취하지만
보낼 곳 없는 낙엽들은
그 자리서 뒹굴 수밖에 없는 추억이
강가의 벤치 속에서도 묻어난다

시린 겨울도 품고 언제나
봄이기만을 바랄 순 없다

강가의 싸릿한 겨울
한적한 공원의 파릇한 겨울
이 사뭇 다른가

우리는 늘 눈을 뜨고 감고
하는 사이
세상에 내가 토해낼 수 있는 만큼 뱉어낸다

슬픔도 노염도 어디선가
그저 빼곡한 그곳에서
손을 뻗친다

차곡한 그리움을 가득 담고서
그 자리 그 벤치,
진잎 무성한 나뭇결이나
금방 정겹던 벤치나
쥐버려라

고요한 그곳을 숨 들이고
겨울 사이에서 오가라
가지런한 하루를
그 벤치 그곳에서
살라 버려라

곧 올 어둠을 반겨
사색의 시간을 가지고
살아나는 오늘을,
평안히 맞아 달콤한 지난날을 만들다

새해전야에

아늑한 밤자락 끝에 새해를 기다리던 모든 사랑이 걸어다닌다
감싸 도는 달빛이 거리를 비출 때 우리 영혼은 새 햇살을 반긴다
멋 좀 알고 낭만 좀 찾아 넋두릴랑은 아스팔트길에
취한 취객들 사이로 뿌린다
쩌렁쩌렁 술잔을 부딪치는 저 소리를 들어 보라
위하여! 위하여!
그 사이로 깊은 밤하늘은 평화롭게 흐르고 있다
포근한 밤 고요한 달빛에 사람 사는 풍경의 향기를 퍼뜨리고
생애 가장 아름다운 것들을 띄운다
흔들리는 민심을 보며 따라 흔들리는 하늘을 보다
한 해를 보내고 한 세월을 시작하다

Profile

윤 순 묵

필명은 솔내(乺內), 고려대학교 평생교육원 시창작과정 수료
한국스토리문인협회 회원, 한국문인협회 회원
현) 이든문학회 회장, 문학공원 동인, 솔내작명가연구원 원장
전국사진공모전 다수 입선, 강남구평화대사협의회 이사
세계선교본부 성탄시 공모전 최우수상
동인지 『가슴에 이는 파도』 외 다수

토끼 발자국 외 2편

윤 순 묵

시선을 높이 두고 렌즈를 조이면
구김 없이 다가선 하얀눈 세례
멈추지 않는 시선 고정해도 살며시 내리는 건 행여 사랑하는 이 다칠까 봐

산기슭에 말라 버린 연한 억새
잘 빗어 넘긴 머리처럼 정리되어
거친 산바람 불어대며 넘어져라
약 올려도 쓰러지질 않는다

초저녁별 소식 없이 성큼 다가와도
산이 함구하는 건
억새 속에 몰래 숨어버린
토끼발자국이 있어서다

어머니 닮은 고향

청계천 뚝방 다리 밑 지하방
창살 없는 창문 앞에 쥐어뜯긴
문풍지 사이로
초승달 기어가고
감나무 두 발 든 가지 사이로 칼바람 몰아치면
고픈 배 움켜쥐고
공장 가기 위해 찬밥 한 덩이에 감사했고
새벽길 더듬던 두 눈
하얗게 익어가는 그림자에 놀라며
시린 가슴으로 밀려오는
어머니 따뜻함이 보일 때마다
그 속에 담긴 동치미 하나
베어 물면서 흐느꼈다
주린 배보다 서러운 건
달 속에 숨겨진 사랑
조건 없이 주던 어머니 닮은 고향

그리도 가고 싶었다고

상엿집

시간에 시간을 더한 일상
속이 빈 느티나무 아래 초라한 상여집
돌귀에 넘어져 상처 나도
무서움에 아픈 줄 모르고
두 눈 감고 달리던 곳
빨 주 노 초 무지개 색깔
치렁치렁한 홑껍닥 바람에 날리니
얼마나 비워야
바람보다 가벼워 해탈에 이를까
알맹이 없는 상처로 거죽뿐인 느티나무
거친 물관 밀어 올려 잎으로 치장하고
봄내 지은 새집
새벽이면 일출에 취하여
이슬 젖은 집 안락한 온기로 채워 놓는다
생의 파문 이는 비바람 타고
오는 이 없는 상엿집
재개발되어 빌딩 들어선다
이젠 넘어져도 무섭지 않아
아프다 엄살부리니 돌멩이가

웃는다

Profile

김 원 식

한국스토리문인협회 회장, 천상병문학제 운영위원장, 문학공원 동인
제4회 천상병귀천문학상 수상.
(주) S. J필름 대표
시집 『그리운 지청구 』, 『꿰맨 글 맞춘 세상』
wind1120@hanmail.net

불효를 깎다 외 2편

김 원 식

아버지의 치매는 오뉴월
포플러 나무처럼 자랐다
처음으로 불효를 깎는다
입관하듯 발톱을 깎는데
툭,
눈의 뼈가 부서져 흐른다

마지막 길을 줍다

한가위 새벽을 열고 시골집 마당에 들어서자
아버지가 마루에 걸터앉아 기다림에 떨고 있었다
오랜만에 딸을 본다는 설렘으로 밤을 지새웠을까
아들 인사는 뒷전이고 여동생이 못 온다는 말에
타박 반 걱정 반이던 혼잣말을 이내 빗장 걸었다
잠시 후, 작심한 듯 손자를 지팡이 삼아
가을햇살 쪽으로 굽은 골목길로 말없이 나섰다
한나절이 지나서야 잘름대는 걸음으로
뒷산 알밤을 주워 손자 땀에 들려온 것을 알았다
그러다 넘어지면 큰 일 치른다는 엄마의 한숨이
생솔가지 연기처럼 피어올라도 나는, 묻지 못했다
시방 그 길이, 걸어서는 다시 못 갈 길이고
혼자된 딸을 위한 마지막 길 줍기임을 아는 당신
'아가, 막내 갖다 주거라.'
가진 게 없어 마지막 사랑법이라도 보내 주려고
파킨슨병을 끌고 가 실한 밤을 주어온 아버지는
검은 봉지에 꼬깃한 지폐와 유언 몇 톨을 담았다
막내 딸년은 끝내, 임종을 지키지 못했고
밤나무 옆 묘비에서 뻐꾸기만 치열하게 오열했다

할미고딕이의 부당한 치매

봄비조차 격정의 꽃몸살을 앓던 밤에는
부나비가 뛰어 들었다는 4차선 불빛 속을 건너기도 했다
거부할 수 없는 필생의 등짐 살이.
홑눈으로 험지를 더듬으며 무르팍으로 쓴 나선의 생을
히말라야산맥을 타고 타클라마칸을 걸어간 수행자들이
사막에 쓴 문장에 비교되는 것은 부당당하다
평생, 여린 속살 아물 날 없이 풀밭을 일구며
와각지쟁(蝸角之爭)에도 눈을 닫고 매 순간
최후를 살았기 때문이다
간신이 핀 청매마저 바람결에 위태로운 날
잠시 정신을 불러왔을까
새우잠이 든 아들 꽃샘추위를 덮어주려고
발끝부터 어깨까지 그 먼 너덜겅을
기억이 빠져나간 엉덩걸음으로 이불을 끌고 있었다
맨발로 땅을 살았던 그가, 한 평 남짓
창밖 풍경을 세간으로 받던 날 기억 속 마지막 기억,
자식을 부르기 위해 우우 우우 뼛속 말을 비틀어 짜냈다
고장 난 촉수로 우렁우렁 종소리를 울려서
멀어지는 가족의 뒷모습을 당기려는 달팽이의 애고지고.
요양원을 걸어 나온 길이 저만치 우련하다

Profile

배 은 숙

계간 <스토리문학> 등단
한국스토리문인협회 이사
문학공원 동인
동인지 『달리는 미술관』, 『가슴에 이는 파도』 외 다수
가곡 <해금강 일출>, <학동해변>, <바람의 언덕>, <오월의 신부>

그리하여 초록 외 2편

배 은 숙

어디선가 하늘한 바람 불어와
청라빛 비단 물감을 퍼올리네
앞산 마루에 질펀하게 퍼질러 놓았네
그리하여 어떤 용서의 시간이
남모르게 시작되었네
결연해지려던 마음의 고삐는
더욱 느슨해져 파랗게 물이 드네
차분해진 살을 공격적이지 않게 통과하네
그리하여 빛의 투시는
초록의 본질을 말하고 있네
만질 수조차 없어 허공만 바라보네
저 넓은 바다로 견인해갈까 두렵네
그리하여 슬픔의 발정이 시작되어도
나는 푸르디푸르게 젖어있기로 했네

아버지와 대구

세상 살아본 바로, 고개를 끄덕여야 할 때가 더러 있다
찬 서리 내리면 들판 게으른 덤불에 불쏘시개 찔러놓고
어디 무릉도원이나 찾아볼까
그렇다, 사는 게 별 건가
대구 사촌쯤으로 아는 명태 한 마리 구워
눈알 까서 고추장에 콕 찍으면
울컥! 등대 같았던 아버지가 그립다
함박눈이 펑펑 진눈개비로 변해 몰아치던 그해 겨울날
며칠째 소식 없던 아버지는 풍랑과 사투를 벌렸는지
화석처럼 푸석한 얼굴로 대문 없는 돌담 문을 들어섰다
입이 큰 대구 몇 마리 힘겨운 손아귀에 잡힌 채
아버지와 키 재기를 하며 툇마루 추녀 밑에 매달렸다
어느 시인은 생애에서 가장 센 힘은 바닥을 칠 때 나온다고 말했다
아버지는 그 센 힘으로 8남매를 키웠을 것이다
머리통이 커서 대두어로 불리는 대구
흰 살이 매우 부드러워 소금에만 끓여도 그 맛이 일품이지
스트레스로 머리에 쥐가 난다면 잘 말린 약 대구 한 마리 찢어
보시라

뚜껑 열린 소주잔이 걸어나오고

시나 한 수 곁들이면
이곳이 무릉도원이로다 껄껄껄…

마음의 온도

대지를 적시는 봄비에 몸과 마음이 서로를 체크합니다
비 젖은 창을 통해 계절이 의견을 이삭 줍습니다
건반 위에 올려놓은 손가락이 사과처럼 익어갑니다
순환의 이치를 알려 주지만 아무것도 붙잡을 수도 의심할 수도 없습니다
봄이 푸름을 깨고 요란하게 깨부수는 찰라에만 깨닫게 됩니다
몰래 한기를 느끼면 조감할 수 없는 동정이 일어납니다
그날의 기분이랄까 봄은 알고 있을까요
더러 기웃대는 여름을 깨물고 싶은가 봅니다
그런데 심장은 이따금씩 슬픔의 질량을 감추려 합니다
이대로 보고 만 있을 수가 없습니다
아픈 곳을 찾아 나섭니다
몸과 마음이 서로를 외면하면서 나란히 베드에 눕습니다
지구가 빙빙 도는 느낌인데도 침술이 약효가 있다는 말에
피를 빼기도 하는 간호사의 달 같은 미소가 싫었습니다
때마침 복도를 굴러다니는 바퀴소리에 벌떡 몸이 일어섭니다
대수롭지 않은 듯이 서로의 마음을 들키고 맙니다
순수온도 상승 서로에게 보호본능이 작동합니다
젖은 눈가가 떨려옵니다
계절은 신을 믿지 않는 나의 결함을 찾는 결과물인가 봅니다

어느새 주인 없는 방에는 숲속 풍경이 들어와 앉았습니다
맑은 개울 물 소리가 납니다
이제 마음의 온도가 조금 상승했나요

Profile

김 태 연

1944년 충남 아산 출생, 고려대학교 평생교육원 시, 수필창작과정 수료
2008년 월간 <문학저널>, <수필문학> 수필부문 등단
2011년 계간 <스토리문학> 시부문 등단
한국스토리문인협회 자문위원, 문학저널문인회 회원, 구리문인협회 회원, 여울문학회 동인, 문학공원 시 동인, 자작나무 수필 동인
시집 『봇물 터지듯』, 『마음의 등대』, 『새들의 행선지』
수필집 『징검다리』, 『산사에서의 하룻밤』, 『만학의 꿈』

장터국밥 외 2편

김 태 연

4일과 9일 장날을 손꼽아 기다린다
13살 어린나이로 중학교에 입학해서 객지생활을 시작한 나
4일과 9일은 엄마가 자주 들리는 온천장날이기 때문이다
대가족의 종가로 농사일이 많은 터에 장날이면
멸치, 동태, 고등어, 등 모든 먹을거리를 준비해야 한다
장터국밥이 그리운 날
수업이 끝나기 바쁘게 시장골목으로 달려간다
마음은 국밥집 골목인데 아무리 잰걸음이라도 시장입구를 거쳐야한다
첫 번째 골목은 싱싱한 야채로 넘쳐나는 난전 골목이고
두 번째 골목은 건어물과 신발 잡화가 주를 이룬 골목이다
세 번째 골목은 싸전으로 통하는 된장골목이고
네 번째 골목은 우시장으로 질러갈 수 있는 국밥집 골목이다
구수한 냄새 코를 찌르고 시장기가 요동친다
그 중 네 번째 골목이 장날 엄마와 만나는 단골국밥집이다

마주앉은 식탁 위 펄펄 끓는 뚝배기에서 모락모락 뜨거운 김이 오른다

푸짐한 국밥이 먹기도 전에 배를 불린다

딸내미와 먹으려고 점심 거른 엄마는 얼마나 허기졌을까 싶다

엄마와 함께한 국밥 맛은 무엇과도 바꿀 수 없는 꿀맛이다

날이 저물어가니 서둘러 깡통골목으로 간다

수천 여 평 수박밭의 가뭄대비로 물통과 조루를 필요로 한다

원두막 두 개를 지은 큰 밭이다

고향집에 가려고 버스에 올랐을 땐 해가 꼴딱 서산을 넘었을 때다

엄니의 꽃상여

상여꾼이 두 팀이었죠
여덟 명이 한 조로 구성되었죠
요령잡이의 구성진 가락에 발을 맞춰갔죠
노년에 몸 담아계시던 집을 떠날 때 노잣돈 봉투를 불렀죠
봉투 두 개로는 적어서 발이 안 떨어진다며 좌우로 흔들어대죠
봉투 세 개 안주면 억울해서 못 간다며 너스레로 제자리 걸음만하죠
봉투 세 개를 받고서야 애꿎은 요령잡이가 왼발을 선창했죠
구령에 맞추어 핫 둘 핫 둘 상여꾼들이 바쁜척하죠
요령잡이 순홍이의 장난기가 또 발동하죠
누군가가 높이 떠도는 구름 따드리게 어서 가자 했죠
개구쟁이 상여꾼들 십여 미터 가다간 또 멈춰 서죠
눈 지그시 감고 갖은 사설 늘어놓죠
빤히 알면서 없는 큰사위 나오라며 능글거리죠
화창한 오월을 즐겁게 가자했죠
마을 상조회 청년들 슬슬 합세해 거들죠
흐드러진 아카시아 꽃길 기쁘게 가자했죠
구령에 따르던 상여꾼들 한 수 더 뜨죠
봉분 마지막 뗏장에 큰누나 봉투 놓으라했죠
아니면 절대로 집에 못 간다고 보챘죠

가족이 준비한 30개의 봉투로 그들의 말에 응해주었죠
주인공은 만인의 어머님이시던 예진아씨였죠
화창한 봄날 그 어머님이 그렇게 꽃길을 떠나셨죠

차단기

십여 년 전 어렵사리 농수산동에 취직한 그
술시도 아닌데 누군가 지나갈라치면 건들건들
만취상태로 길을 막고 흐름을 방해합니다
농수산동 개장 시엔 자유롭던 출입구였답니다
경제에 밝은 지자체 나리님께서 망령이라도 들었는지
수익성 운운하며 어느 날 그를 문지기로 세웠습니다
처음엔 제법 말끔한 자세로 임하던 그가
긴 세월 잘 버틴다 싶더니 수전증이라도 걸렸나 봅니다
밤낮없이 올리고 내리고 수신호를 보내야 하건만
팔을 들어 올릴 때마다 덜덜덜 떨고 있습니다
그도 나처럼 초췌한 모습으로 낡아가고 있습니다
오늘은 출근길의 발목을 잡고 놓아주질 않습니다
울화가 치밀어 금방이라도 속이 터질 것만 같습니다
홧김에 세찬 발길로 확 걷어차고 싶습니다

요즘 그를 바로세울 신약 개발 중이라는데
언제쯤이면 새로운 세상을 살아갈 수 있을지

Profile

조 성 숙

필명은 맑음이룸, 언어파동치유 강사
시감성치료사
자살여방 강사
청일문학사 기획이사
한국스토리문인협회 회원, 문학공원 동인
동인지 『노루목에 부는 바람』 외 다수

능소화 외 2편

조 성 숙

순백의 고고함 비길 수 없어
그대 품에 살 수 없어도
지나는 발길 숨죽여 들음이라

화려한 치장 정절 없다 하지 마오
임의 품에 단 한번 핀다 해도
꽃 지고 밟힌 자리 한 서릴 일 있으랴

천년의 기다림 목 타는 사랑은
진홍빛 피 토하고 눈 멀도록
하루 열두 번 숨겨본 임이었네

온몸을 칭칭 감아 틀어 올려
붉은 입술 그대에게 드리우고
한 번뿐인 이 사랑 임이게 하소서

분꽃

쉽게 피고 지는 꽃이라
사랑도 쉬울 소냐 아니라
주먹 쥐듯 꼬옥 다문 입술
단 한번 나의 임께 피우리라

내 낭군 품속 붉은 치마 열리고
살포시 속저고리 풀어 헤치니
수줍은 미소 분내음 그윽하여
꿀물 같은 달콤함 뚝뚝 떨어지네

그대 손길로 피어나는 붉은 밤
고운 언어 차곡차곡 익는 새벽아침
까아만 꽃씨 만삭으로 여무는 날에
세상을 이룬 난 그대의 것이 되었어라

연리지

천상천하 만인 중
나의 임이여
연모의 마음 꺼내어 드니

처음 인연의 끈
태고 적 절대 사랑
만세 전 연이더라

그 옛날에도 임은
나의 것이었으니
천 년에 천 년이 흘러도
변할 수 없음이라

문틈 바람소리
날 부르는 그대 휘파람
사모하는 마음 멈출 수 있으랴

환한 웃음 곁에 두고
곡주 한 잔 권하오니 도포자락 벗어놓고
긴긴 밤 쉬어간들 어떠하리

Profile

노 지 윤

계간 <스토리문학> 등단
한국스토리문인협회 회원,
문학공원 시 동인
자작나무 수필 동인
동인지 『가슴에 이는 파도』, 『새소리 밥상』, 『힘들지만 사랑의 …
으로 배긴다』 외 다수
가곡 <타국에서 전화를 걸며>

달동네 바가지 지붕 외 2편

노 지 윤

아프리카 한 해변에 잔지바리 섬[9]이 있다
거북이는 단단한 슬레이트지붕을 지고 다니는 건축가다
3개월 모래에 묻혀 숙성된 알은 하얀 면포를 벗고
나침반 하나 없이 엄마의 고향 코발트 물결 바다로 여행을 떠난다
수많은 거북이 새끼들은 딱딱한 등딱지로
모래 위에 달동네를 세우고 하늘 한 자락 걸어놓는다
물속에서는 날아다니듯 비행을 하며 빠르지만
물 밖에서는 세월아 내월아 느린 걸음이 양생 비결이다
천년을 산다는 거북이는 500년 이상 살면 천지를 통하는 공력이라 믿는다

마을 어귀 수호신, 거북이 등껍질을 지닌 소나무 한 그루
수백 년 비스듬히 누운 그녀의 외로움에 초연한 오후가 지나간다
세월을 집어 삼키며 수액을 빨아올리는 헐벗은 뿌리는

---

9) 거북이 섬

문신처럼 흙 틈새로 하늘의 온기를 한 움큼 훔친다
집 잃은 개미는 후미진 뿌리 사이에 터를 잡고
색색의 지붕이 다닥다닥하게 달라붙은 틈새
거미의 허물을 도벽으로 옮기느라 개미 땀방울은 솔방울로 여물어간다
갯바위 틈새 굴 껍질처럼 씨를 꼭 물고 있는 솔방울
날개 하나 붙은 씨를 뽑아 물고 허둥대는 개미 앞에 송충이 한 마리
침엽수 털을 세우고 길을 막아선다
소스라치게 놀란 개미는 허리 꺾이는 줄 모르고 샛길로 줄행랑치고 있다
가뭄에 금이 간 논바닥처럼 갈리진
소나무 껍질은 낫달 거린 개미들의 달동네 삶의 애환이 꿈틀거린다

할머니 홍길동의 일기

나는 검푸른 어둠속에 눈꺼풀은 기지개로 시작한다
배꼽은 숨을 막고 책갈피 속 개미 알을 먹어치운다
주방 시어머니가 상차리라 눈을 찔끔한다
압력솥이 피피피 휘 바람 불며 한곡 뽑아내는 흥에 빠져본다
구수한 된장찌개엔 뽀글뽀글 개구리가 울고 있다
삐끄덕 쇠나비 날갯짓에 선잠 깬 아이
칭얼칭얼 태평세월이다
빨리 치카치카해야지, 나는 복장이 터진다.
가재걸음으로 어린이집 선생님 손에 맞기고
수고하세요, 한방병원 가계로 내 달린다
옆집 할머니, 집이는 왜 늘 뜀박질 허는 겨?
재봉틀협회 다섯 한의사가 나를 놓고 낙찰을 시작한다
봉봉 한의사한데 낙찰되었다
우선 대기 손님한데 달달 침술을 수십 개 찔렀다
주민센터로 뜀박질하는 발바닥에 불이 났다
무비강의에 오른쪽 당나귀 귀는 눈알사탕 말을 받아먹고
왼쪽 귀는 까마귀 말로 홀딱 까먹느라 바쁘다
잠깐 속을 풀고 바퀴 없는 인력거를 타고 집에 오니
회장님 목을 빼고 점심 곁들이로 기다린다
세면구 보건소 변기통 주취가 거시기를 검진검사하다
연애 좀하면 어떨까 묻는다

연애할 시간 있거든 해병대 입대해야지
또 아이 데리고 미술학원에 들려 보내고
학원 앞에 소파에 앉자 큰 숨을 가슴에 구겨넣는다
폰에 얼굴을 묻고 정신 줄을 당겼다 풀었다 한다
잠귀신이 상투를 끌고 다녀도 고개는 꾸벅꾸벅 키질을 한다
시간이 통통 튀는 소리에 집에 들어서니
제자리 있던 물건들이 난장판으로 놀고 있다
나는 손이 문어발이었으면 좋겠다

오빠 코피 맛 소태

커피하면 엘리트한 멋쟁이들이 마시는 줄 알았다
어설픈 객지생활에 따르릉따르릉 전화 별소리가 요란시럽다

여보시오? 잉 뱁새야? 근디요
잉 나여 누구여라고라
깍끄막 넘어 왕눈이여
음마 너였냐 징하게 반갑다 가시내야
어디서 뭐 허구 자빠져있는 거여
안양서 오리온 꽈자 맨드는디 공장에 댕긴단께
그리여 겁나게 오래간만이고만 잉
쪼까 대그빡 맞대고 야기좀 히봐야 쓰것는디 안그냐 그라재 잉

서울역 뒷골목 하늘을 떠받들고 있는 빌딩 구석에 구겨진 돌다방
흔들리는 희미한 불빛 사이 바지선을 칼날처럼 세운 신사가
발모가지 꽈배기로 꼬고 있다
후, 아리랑 한 가치를 옥 빨더니 하얀 아지랑이 피어오른다
니끼한 쎗바닥으로 '블랙'하며
왼쪽 눈구녁을 질끈 껌뻑이는 꼬라지가 너무나 멋져보인다
나도 어설픈 다리를 꼬고 레지 아가씨요
블랙 코피 주시오

혓빠닥을 후려치는 쓴맛은 주름 겹친 남생이 모가지맹이로 쏙 내 목을 끌고 들어간다

오메오메 이게 먼 맛이여

옆 테이블 눈치를 보며 슬그머니 물을 섞고 또 물을 섞었다.

역시나 송충이는 솔잎을 먹는 것이 당연지사이고만 그려

아무나 폼새가 나는 것은 아니란 께요

내 눈 높이에 맞추어 살아갈 것이여

되새김 하며 한 수 배워본다

Profile

김 사 랑

계간 <스토리문학> 등단
고려대학교 평생교육원 시창작과정 수료
한국스토리문인협회 회원, 문학공원 동인
동인지 『새소리 밥상』 외 다수

슬리퍼와 하이힐 외 2편

김 사 랑

비가 보슬보슬 내리는 오후
얼굴에 화장을 하고 제일 좋은 옷으로 골라 입는다
입가에 웃음으로 덧칠을 하고
하이힐 촉촉이 젖은 아스팔트를 밟는다
모퉁이를 돌아서니 작은 슈퍼가 한눈에 들어온다.
안녕하세요, 인사하니
날씨가 흐려서인지 한가한 가게
안쪽에 조용히 앉아있던 여주인 반겨 나오며 웃는다
오늘은 어데 안 가시나 봐요
아… 네. 부추 얼마예요
묻는 말에 호응하며 다가와
사모님, 이것 이천 원인데 천오백 원만 주세요
순간 할 말을 잃고 가만히 바라보니
주인은 의아한 눈빛으로 고개를 갸우뚱거린다.
호박 한 개 주시고요 밀가루도 주세요
사모님 안녕히 가세요

며칠 전 푸석한 얼굴로 슬리퍼를 신고 들렀을 때 내 호칭은 아줌마였고
물건을 집어주지도 않았을 뿐 아니라
그 자리에 앉아 큰소리로 고래고래 얼마라 소리만 질렀었는데
오늘 호칭은 왜 사모님일까

내일 아침 슈퍼에 갈 때는
슬리퍼를 신어야 할까 하이힐을 신어야 할까

새로고침

쿵쿵, 어머니 오시는 발자국소리인가 보다
지하 강당이 활기차다 어머니는 자리에 앉으신다
즐거운 음악에 맞춰 함께 손뼉을 치신다
마르고 야윈 손바닥이 박수소리는 웅장하다
각설이 타령에 눈가에 환하게 웃음짓는 어머니
만담에 시간가는 줄 모르고 저린 다리를 주무르며
가끔 콧등에 침을 바르신다

먹기 만하면 명약이라고 홍보하던 키토산
고갯이 들치시어 구김살 펴놓으시며
"그러니까 먹기만 하면 아픈 팔 다리 다 났는다고?"
며칠 후 사들인 키토산이 가짜라는 뉴스에 혼전하시던 어머니
끝내 자리에 누우셨는데 마음 상한 딸들 고작 하는 말
"보세요 엄마 이제 그런데 가지 마세요"

지금 난 홍보관 맨 앞자리에 앉아 어머니 기억을 맛본다
자리 내어주시고 아무것도 사지 말라고 웃음만 보내시던 어머니
모든 병에 명약이라는 프로폴리스를 산다
손뼉치며 즐거워하시던 어머님의 모습 아리도록 가슴속으로 스며드는데

놀이터에 잠자던 아름다운 추억 기쁜 기억마저도
가짜라는 방송 나온다면 마음 아파 어머니 자리에 또 누우실지

마음을 새로고침한다

이렇게 말해도 되나요

- 겨울 외투

어둠이 내리네요
낙엽이 하나 둘 떨어지는데
어디에 계신가요
겨울이 오고 있어요
마음이 추우니 따듯한 당신이 그립네요
전에 별로 좋아하지 않던 당신을 마음에 두기도 하고
아직 안기 이른 당신을 품어 보았지요
겨울은 당연히 추운 건데
새삼 춥다고 느껴지는지 모르겠어요
겨울은 아직 시작도 하지 않았는데
당신이 그리워지는 걸 보니
올겨울은 몹시 추울 것 같아요

이렇게 말해도 되는 지요
당신이 그립다고

Profile

김 순 진

경기 포천 출생, 중앙대 예술대학원 수료, 고려대 평생교육원 시창작교수, 계간 스토리문학 발행인, 도서출판 문학공원 대표, 한국스토리문인협회 명예회장, 한국문인협회 이사, 국제펜클럽한국본부 회원, 한국현대시인협회 감사, 한국시문학아카데미 회원, 은평문인협회 감사
시집 『광대이야기』, 『복어화석』, 『박살이 나도 좋을 청춘이여』
시창작이론서 『좋은 시를 쓰려면』, 『효과적인 시창작법』
평론집 『자아5, 희망5의 적절한 등식』 칼럼집 『천만에 만만에 꽁떡』 등 저서 13권

양철지붕 위에 비 외 2편

김 순 진

그녀들이 온다
한껏 각선미를 뽐낸 패션쇼
하이힐의 행진이다
호박꽃, 그 여자는 심사위원
갤러리들 어깨 부비며 박수를 치고 있다
아카시아 그 여자
미루나무 그 여자
흔들흔들 엉덩이를 꼬며 워킹 중이다
갤러리들의 박수는 꽃잎이 된다
그녀들의 발자국은 강물이 된다
흩어진 발자국은 또다시
강낭콩꽃 나팔꽃이 된다

스커트와 스커드

무릎 위를 한들거리는 샤넬을 입은 여자를 보면
나는 사재를 털어서라도 샤넬 백을 사주고 싶다
미니스커트를 입은 여자가 중년인 내게 가당키나 하겠느냐만
내 여자가 가끔 그런 옷을 입어보이며 '어때요'라며 물어봐줬으면 좋겠다
고궁을 거니는 한복 치마의 여자가 내 여자였으면 할 때도 있고
그저 종아리만 보여줘도 내게 그 여자는 지성 있는 여자다
정장차림의 여자가 다리를 외로 겹쳐 앉았을 때
나는 그녀의 다리에서 천국을 느낀다
어릴 적 다리 밑에서 주워왔다고 어른들이 나를 놀렸을 때
나는 아니라고 울면서 발뺌했었다
양쪽에 거울이 붙어있는 장롱에 곱게 들어있던 비단치마저고리는
내게 어머니를 양가집 규수로 각인시켰다
이제야 확실히 알겠다
여자들이여, 제발 바지 좀 입지 마라
나는 치마에 굴복하는 다리 밑의 남자다

여자들이 스커트를 입고 내 앞에 섰을 때
나는 스커드에 공격당한 듯 혼비백산한다

친구는

- 이동중학교 제6회 동창회 체육대회에 부쳐

친구는 하나의 은행이다
모든 은행 중에서도 가장 안전하고
파산하지 않는 은행이다
친구에게 투자하는 것은
나를 가장 나답게 하는 투자다
친구를 통해 부자가 되려 하지 마라
친구를 만나는 순간 너는 이미 부자다
친구는 동행이지 목적이 될 수 없으며
함께 할 때 삶은 더욱 즐거워진다
친구는 확실한 고향이다
아무 때나 갈 수 있는 고향이다
친구는 여름이다
챙겨주는 마음으로 우정은 자라난다
친구는 만나기만 해도
나는 어느새 푸르러진다

이 도서의 국립중앙도서관 출판예정도서목록(CIP)은 서지정보유통지원시스템 홈페이지(http://seoji.nl.go.kr)와 국가자료공동목록시스템(http://www.nl.go.kr/kolisnet)에서 이용하실 수 있습니다.

(CIP제어번호 : CIP2017001040)

한국스토리문인협회 시 동인
문학공원 동인지 2016년 제14호

아내의 문장성분

초판인쇄일 2017년 1월 16일
초판발행일 2017년 1월 21일

지은이 : 한성춘 외
발행인 : 김순진
편집장 : 전하라
디자인 : 김초롱
펴낸곳 : 문학공원
등　록 : 2004년 3월 9일 제6-706호
주　소 : 우편번호 03382 서울 은평구 통일로 633
녹번오피스텔 501호 스토리문학사
전 화 : 02-2234-1666
팩 스 : 02-2236-1666
홈페이지 : http://cafe.daum.net/yob51
이메일 : 4615562@hanmail.net